Andrew Wommack

Ein besserer Weg zu beten

Wenn dein
Gebetsleben
nicht funktioniert,

denk über einen
Richtungswechsel
nach!

Andrew Wommack

Grace today
VERLAG

Originally published in the USA by

A Better Way To Pray

Die englischsprachige Originalausgabe erschien im Verlag *Harrison House Publishers* unter dem Titel *A Better Way to Pray* © 2007 by Andrew Wommack Ministries. This translation of *A Better Way to Pray* is published by arrangement with Harrison House.

Die Deutsche Nationalbibliothek verzeichnet diese Publikation in der Deutschen Nationalbibliografie; detaillierte bibliografische Daten sind im Internet über https://dnb.de abrufbar.

Bibelzitate, sofern nicht anders angegeben, wurden der *Revidierten Elberfelder Bibel* entnommen. © 2006 SCM R.Brockhaus, Witten. Alle Rechte vorbehalten. Alle Bibelübersetzungen wurden mit freundlicher Genehmigung der Verlage verwendet. Hervorhebungen einzelner Wörter oder Passagen innerhalb von Bibelzitaten wurden vom Autor vorgenommen.

KJV *King James Version.*
LUT *Lutherbibel,* © 2016 Deutsche Bibelgesellschaft Stuttgart.
SLT *Bibeltext der Schlachter,* © 2000 Genfer Bibelgesellschaft.

Umschlaggestaltung: Harrison House Publishers
Corporate Design: spoon design, Olaf Johannson
Übersetzung: Andrew Wommack Ministries Germany
Lektorat und Korrektorat: Thilo Niepel, Gabriele Kohlmann
Satz: Grace today Verlag
Druck: CPI Clausen & Bosse, Leck
Printed in Germany

8. Gesamtauflage 2022

Paperback: ISBN 978-3-95933-234-7, Bestellnummer 372234
E-Book: ISBN 978-3-95933-235-4, Bestellnummer 372235

www.gracetoday.de

INHALT

EINLEITUNG

Bist du bereit für neue Impulse, um dein Gebetsleben zu verbessern? Möchtest du gerne lernen, wie du treffsicherer beten und Gottes Antworten schneller empfangen kannst? Wenn das so ist, dann liest du gerade das richtige Buch!

Als die Jünger Jesus fragten, wie sie beten sollten, trat unser Herr den zu seiner Zeit herrschenden Mythen und falschen Vorstellungen über Gebet entgegen. Tatsächlich verbrachte er eine beträchtliche Zeit damit, falsche Vorstellungen zu widerlegen und zu erörtern, was Gebet nicht ist, bevor er den Jüngern schließlich erklärte, wie man richtig betet. Das religiöse System war so heuchlerisch und unecht geworden, dass der Herr erst einmal das zunichtemachen musste, was gemeinhin für Gebet gehalten wurde, damit er die Jünger dann effektiv lehren konnte, was Gebet wirklich ist.

Wenn die Art und Weise, wie du betest, keine guten Ergebnisse bringt, warum solltest du dann etwas gegen eine Veränderung in diesem Bereich haben?

Dieses Buch beschreibt weder *die einzig mögliche Art zu beten* noch behauptet es, man erziele *keine Resultate, wenn man anders betet*, sondern es soll vielmehr als Wegweiser verstanden werden, als ***ein besserer Weg zu beten***. Einige der angesprochenen Dinge werden dich vielleicht verärgern, doch sei gewiss: Sollte ich dir damit auf die Zehen treten, wird der Herr sie auch wieder heilen!

Alles, wogegen ich mich mit meiner Lehre wende, habe ich früher selbst getan. Gott hat mich trotz alledem geliebt und ich ihn auch. Obwohl ich diese Dinge tat, hatten wir eine gute Beziehung. Was die Manifestation meiner Gebetserhörungen im Natürlichen angeht, bin ich heute allerdings wesentlich erfolgreicher als jemals zuvor. Ich bete nicht mehr so, wie ich es vor fünfzehn, zwanzig oder dreißig Jahren getan habe. Ich bin seitdem einfach reifer geworden!

Christen auf der ganzen Welt gehen heutzutage im Hinblick auf Gebet von gewissen Annahmen aus und bringen dazu noch völlig falsche Einstellungen mit. Dann fragen sie sich, warum sie nicht die gewünschten Resultate erzielen. Gott möchte hier eine Korrektur vornehmen!

Ich bin mir sehr wohl der Tatsache bewusst, dass ich vielen gängigen Vorstellungen über Gebet widersprechen werde. Vielleicht werde ich auch bei dir hinsichtlich einiger lieb gewonnener Traditionen anecken. Doch lass mich dir folgende Frage stellen: Wenn die Art und Weise, wie du betest, keine guten Ergebnisse bringt, warum solltest du dann etwas gegen eine Veränderung in diesem Bereich haben?

Zwar bin ich kein perfektes Beispiel und auch noch nicht am Ziel angelangt – aber ich habe mich immerhin auf den Weg gemacht. Und meine Gebete führen zu übernatürlichen Ergebnissen. Ich habe sogar erlebt, wie mein eigener Sohn von den Toten auferstanden ist, nachdem er schon fünf Stunden tot gewesen war. Falls du keine besseren Ergebnisse erzielst als ich, solltest du das, was ich sage, zumindest in Erwägung ziehen.

Seit vielen Jahren meditiere ich jetzt schon über jede Stelle in der Bibel, die irgendeine Form des Wortes »beten« aufweist. Ich glaube, dass dich das, was der Herr mir durch sein Wort offenbart hat, wirklich segnen wird. Selbst wenn es sich von all dem unterscheidet, was du jemals zuvor gelehrt worden bist, so habe ich doch das Vertrauen, dass es sich für dich als ***ein besserer Weg zu beten*** erweisen wird!

KAPITEL 1

Heuchler lieben es zu beten

Gebet ist im Leben der heutigen Christen der Bereich, mit dem der meiste Missbrauch getrieben wird. Ein fehlgeleitetes Verständnis in Bezug auf Gebet bringt mehr Menschen geistlich durcheinander als irgendetwas anderes!

Jesus lehrte, dass es richtiges und falsches Beten gibt:

Und wenn ihr betet, sollt ihr nicht sein wie die Heuchler, denn sie lieben es … zu beten. — Matthäus 6,5a

Die meisten Gläubigen assoziieren Heuchelei nicht mit Gebet. Sie denken: *Was kann schon falsch daran sein, wenn man betet?* Sehr viel, denn Heuchler lieben es zu beten!

Nur weil man mit den Worten »Vater unser …« beginnt und mit »… im Namen Jesu, amen« aufhört, heißt das noch lange nicht, dass es sich dabei um Gebet handelt. Ein Großteil dessen, was wir heute »Gebet« nennen, beleidigt Gott und öffnet dem Teufel eine Tür. Es gibt richtiges und falsches Beten!

Gottes Botenjunge?

Im Jahr 1969 hörte ich eine falsche Lehre, die Satan als »Gottes Botenjunge« bezeichnete. Es hieß darin, dass der Teufel nur das tun könne, was der Herr erlaube, und Gott ihn deshalb benutze, um in unserem Leben Gutes zu wirken. Das ist völlig falsch, aber ich wusste das zu jener Zeit noch nicht. Ich brachte diese Lehre meiner Freundin mit, die sich dann völlig darauf einließ.

Auf den Kassetten, die ich ihr mitgebracht hatte, wurde das Beispiel eines Jungen erwähnt, der zu schüchtern war, um seinen Mitschülern Zeugnis zu geben. Er betete und bat Gott um eine unheilbare Krankheit, damit er seinen Glauben an Christus durch seine Haltung gegenüber dem Sterben und seinem bevorstehenden Tod bezeugen konnte. Am Tag darauf erkrankte er an Leukämie. Auf seiner Beerdigung wurden vier Menschen von neuem geboren. Obwohl der Glaube dieses jungen Mannes Gott in gewisser Weise ehrte, ist diese Art zu beten nicht korrekt. Meine Freundin betete dasselbe und erhielt am darauffolgenden Morgen die Diagnose Leukämie. Auf ihrer Beerdigung wurden ebenfalls vier Menschen von neuem geboren. In beiden Fällen war es jedoch nicht Gott, der die Gebete beantwortet und diese jungen Leute mit Leukämie »gesegnet« hatte. Satan nutzte ihr falsches Beten aus und tötete die beiden vor ihrer Zeit. Falsches Beten führt zu falschen Resultaten!

Falsches Beten

Jesus musste erst offenbaren, was Gebet nicht ist, bevor er lehrte, was Gebet ist (Mt 6,5–13). Der Herr selbst musste zuerst die falschen religiösen Vorstellungen seiner Zeit im Hinblick auf Gebet widerlegen, weil die Menschen sonst gar nicht hätten begreifen können, was er ihnen sagen wollte.

Heute ist die Lage genauso schlimm, wenn nicht schlimmer! Wie bei den Pharisäern, die Jesus konfrontierte, ist Gebet heute zu einer religiösen Fitnessübung geworden. Menschen benutzen es, um ihr Gewissen zu beruhigen, und haben dann das Gefühl, sie hätten auf Gott Einfluss ausgeübt und ihn dazu motiviert, sich für sie in Bewegung zu setzen. Das sind falsche Motive!

Die Herzenshaltung hinter deinem Gebet interessiert Gott viel mehr als die eigentlichen Worte, die du gebrauchst. Eine Stunde oder mehr mit einer Sache zu verbringen, die du »Gebet« nennst, bedeutet nicht, dass du irgendetwas erreichst. Wenn deine Haltung falsch ist, dann betest du auch falsch!

Und wenn ihr betet, sollt ihr nicht sein wie die Heuchler, denn sie lieben es, in den Synagogen und an den Ecken der Straßen stehend zu beten, damit sie von den Menschen gesehen werden. Wahrlich, ich sage euch, sie haben ihren Lohn weg. — Matthäus 6,5

»Was für heilige Menschen! Hast du gehört, wie sie die Himmelstore bestürmt haben?« Diese kleinen Streicheleinheiten für ihr Ego sind tatsächlich alles, was sie bekommen werden, weil die Bewunderung von Menschen die einzige Belohnung für solches »Gebet« ist. Von Gott aber werden sie nichts bekommen!

Die Herzenshaltung hinter deinem Gebet interessiert Gott viel mehr als die Worte, die du gebrauchst.

Bist du dir dessen bewusst, dass du mächtige geistliche Gaben ausüben und enorme persönliche Opfer bringen kannst, Gott aber trotzdem nicht damit beeindruckst? Ja, ganz genau! Wenn nicht das richtige Motiv dahintersteht, spielt es keine Rolle, was du tust. In neuen Sprachen zu beten, zu prophezeien, allen Glauben zu haben, deinen Besitz den Armen zu geben oder sogar dein Leben niederzulegen – all das wird dir nichts nützen, wenn du es ohne die göttliche Liebe tust (1Kor 13,1–3). Im Reich Gottes kommt es nur auf die Herzenshaltung an!

Falls du in deinem Gebetsleben nicht die gewünschten Ergebnisse siehst, überprüfe deine Motive. Sind deine Gebete wirklich von Liebe motiviert? Ich verstehe, dass dies schwer einzugestehen ist, schließlich willst du immer positiv sein und das Beste glauben. Wenn du dir jedoch einen kritischen und objektiven Blick auf dein eigenes Gebetsleben erlaubtest, wäre deine ehrliche Einschätzung dann, dass es dir nichts nützt? Betest du schon seit Jahren und hast immer noch keine Manifestation gesehen? Vielleicht ist dein Körper noch nicht geheilt oder deine finanzielle Lage hat sich noch nicht gebessert – wie dem auch sei, dein Gebetsleben funktioniert einfach nicht. Mein Freund, es liegt nicht daran, dass Gott deine Gebete nicht erhört hätte; es geht um deine Gebete, die falsch sind!

Gott hat sich schon bewegt

Die meisten Christen sehen Gebet als Möglichkeit an, »Gott zu bewegen«. Sie glauben, er könne alles tun, habe aber noch nicht alles getan. Nach dieser Auffassung dient Gebet dazu, Gott dazu zu bringen, etwas zu tun. Falls du das glaubst, ruht dein gesamtes Gebetsleben auf einem äußerst wackligen Fundament.

Gott hat bereits alles getan, was er jemals tun wird! Er hat sich durch den Tod, die Grablegung und die Auferstehung Jesu Christi ein für alle Mal bewegt. Durch das Versöhnungswerk am Kreuz hat Gott bereits jedem Menschen, dem jemals vergeben werden wird, vergeben und jeden Menschen, der jemals geheilt werden wird, geheilt. Gott muss jetzt keinen einzigen Finger mehr rühren, um Heilung oder Errettung zu bewirken!

Was Gott betrifft, sind die Sünden der gesamten Welt bereits vergeben. Das vollkommene Opfer des Lammes hat die vergangenen, gegenwärtigen und zukünftigen Sünden aller Gläubigen und Ungläubigen gleichermaßen beseitigt. Das bedeutet nicht, dass wir alle »automatisch« gerettet (oder geheilt) sind. Jeder einzelne Mensch muss das, was Jesus Christus bereits zur Verfügung gestellt hat, durch den Glauben für sich selbst empfangen, um davon zu profitieren. Ein Geschenk gehört dir erst dann völlig, wenn du es empfangen hast!

Als Christen müssen wir die Menschen dazu anleiten, das, was Gott durch das Versöhnungswerk am Kreuz bereits für sie getan hat, zu glauben und zu empfangen. Aus diesem Grund ist die beliebte evangelistische Methode, »Jesus ins eigene Herz einzuladen«, unbiblisch. Rein formal betrachtet musst du Gott nicht »bitten«, dich zu »erretten«. Denn damit würdest du dem Herrn unterstellen, er habe noch nichts getan und reagiere erst auf deine Bitte hin – entweder positiv oder negativ, je nachdem, wie er in Bezug auf dich empfindet. Das ist völlig unzutreffend, denn Jesus hat bereits vor zweitausend Jahren alles für uns getan!

Der Kerkermeister in Philippi fragte Paulus und Silas: »Ihr Herren, was muss ich tun, dass ich gerettet werde? Sie aber sprachen: Glaube an den Herrn Jesus und du wirst gerettet werden …« (Apg 16,30–31) Was sollte er glauben? Er sollte glauben, dass Jesus auf Golgatha ein für alle Mal mit der Sünde abgerechnet hat. Die Zahlung ist bereits geleistet worden. Jetzt geht es nur noch darum, dies zu glauben und es zu empfangen.

»Ich weiß nicht«

Nach einer Veranstaltung teilte mir einmal eine Frau mit, sie habe Jesus schon hundert Mal in ihr Herz eingeladen, sei sich ihrer Errettung aber immer noch nicht sicher. Ich erklärte ihr: »Heute Abend werden wir beten, und dann wirst du dir sicher sein!« Nachdem ich mit ihr für den Empfang ihrer Errettung gebetet hatte, fragte ich sie: »Bist du errettet?«

Sie antwortete: »Nun, ich weiß es nicht.«

»Was heißt hier, du weißt es nicht?« Ich zeigte auf meine aufgeschlagene Bibel und erklärte ihr: »Genau hier in Römer 10,9 sagt das Wort, ›wenn du mit deinem Mund Jesus als Herrn bekennst und in deinem Herzen glaubst, dass Gott ihn aus den Toten auferweckt hat, wirst du gerettet‹. Hast du mit deinem Mund bekannt?«

»Ja.«

»Glaubst du, dass Gott Jesus aus den Toten auferweckt hat?«

»Ja.«

»Bist du errettet?«

»Ich weiß nicht.«

»Schau dir gemeinsam mit mir Vers 13 an: ›Jeder, der den Namen des Herrn anruft, wird gerettet werden.‹ Bist du ein Jeder?«

»Nun, ich denke schon.«

»Hast du den Namen des Herrn angerufen?«

»Ja.«

»Bist du errettet?«

»Ich weiß es nicht.« Sie konnte einfach nicht glauben, dass sie errettet war!

Was würdest du denken, wenn ich in einer Situation wie dieser sagte: »Ich weiß nicht genau, warum Gott sie nicht errettet hat. Würdest du bitte in Übereinstimmung mit mir kommen und gemeinsam mit mir fasten und für ihre Errettung beten? Wir sollten so lange nicht von Gott ablassen, bis er sie errettet!«

Du würdest mir wahrscheinlich protestierend antworten: »Nein, Andrew, so funktioniert das nicht. Gott hat es schon getan. Wenn sie es nicht empfangen hat, dann ist ihr ›Empfänger‹ das Problem und nicht Gottes ›Geber‹!«

Aber nehmen wir mal an, es käme jemand während eines Gottesdienstes im Rollstuhl nach vorne, um geheilt zu werden. Ich würde für ihn beten und er stände nicht sofort geheilt auf. Wenn ich daraufhin die Anwesenden fragen würde: »Wie viele von euch wollen sich mit mir im Glauben eins machen? Lasst uns fasten, im Gebet übereinstimmen und nicht eher von Gott ablassen, bis er diesen Menschen heilt«, könnte ich mit ziemlicher Sicherheit 90 Prozent der Anwesenden davon überzeugen, sich dem anzuschließen!

Durch sein Versöhnungswerk hat Christus bereits alle nötige Vorsorge für das überfließende Leben getroffen. Es liegt jetzt nicht mehr an ihm, etwas zu tun, sondern an dir, das von ihm Getane zu empfangen!

Das Wort Gottes sagt jedoch klar aus: »Wie ihr nun Christus Jesus, den Herrn, empfangen habt, *so* wandelt in ihm« (Kol 2,6). Auf dieselbe Weise, wie du Sündenvergebung beanspruchst und darin wandelst, empfängst du auch Heilung, Befreiung, Wohlstand und alles andere! Wenn es im ersten Szenario unangemessen ist, Gott um die Errettung dieser Frau anzubetteln, dann ist es auch absolut falsch, dies für Heilung oder irgendetwas anderes im christlichen Leben zu tun! Durch sein Versöhnungswerk hat Christus bereits alle nötige Vorsorge für das überfließende Leben getroffen. Es liegt jetzt nicht mehr an ihm, etwas zu tun, sondern an dir, das von ihm Getane zu empfangen!

Heilt die Kranken!

Manchmal kommen Christen zu Gott und beten: »Ich weiß, du kannst mich heilen, auch wenn du es noch nicht getan hast. Deshalb sag mir bitte, wie ich dich dazu bewegen kann, mich zu heilen.« Das ist krasser Unglaube! Diese Christen glauben nicht, dass Gott bereits gehandelt hat, und denken, sie könnten ihn zum Handeln veranlassen. Das ist absolut falsch! Solcher Unglaube erklärt, warum nicht mehr Menschen Heilung erfahren.

In unseren Bibelschulen und Lehrseminaren geben wir Menschen zuversichtlich die Anweisung, nicht für die Kranken zu »beten«, sondern sie zu heilen. Jesus befahl uns in Matthäus 10,8: »Heilt Kranke, weckt Tote auf, reinigt Aussätzige, treibt Dämonen aus.« Es ist ein gewaltiger Unterschied, ob man Kranke heilt oder bloß für sie betet!

John G. Lake verstand diesen Unterschied. Als weltbekannter Missionar und Prediger besaß Lake einen mächtigen Heilungsdienst in Spokane, Washington. Anstatt die ganze Arbeit alleine zu machen, schulte er Mitarbeiter und nannte sie »Heilungsfachkräfte«. Immer wenn Menschen um Gebet baten, sandte Lake seine Fachkräfte mit kleinen Fläschchen voll Öl aus und sagte ihnen: »Kommt erst dann zurück, wenn sie geheilt sind!« Diese gläubigen

Männer und Frauen gingen nicht einfach hin und beteten für Menschen, sondern heilten sie!

Die längste Zeit, die eine Heilungsfachkraft einmal wegblieb, betrug dreieinhalb Wochen! Es mag eine Weile gedauert haben, doch die kranke Person wurde geheilt! Lake zufolge kehrte kein einziger seiner Mitarbeiter jemals zurück, ohne einen Menschen geheilt zu haben. Sie blieben und arbeiteten so lange mit den Kranken, bis die Heilung sichtbar eintrat.

Auch wenn das für dich vielleicht befremdlich klingt, sind es für jemanden, der versteht und glaubt, dass Gott seinen Teil bereits getan hat, doch ganz normale Ergebnisse. Jesus Christus hat alles Notwendige getan, um jeden Menschen zu erretten und zu heilen. Du hast geglaubt und Errettung empfangen. Heilung kommt auf genau dieselbe Weise! Es sollte für dich kein bisschen schwieriger sein, deine Heilung zu empfangen, da Gott sie dir zugleich mit der Vergebung deiner Sünden zur Verfügung gestellt hat. Und man braucht auch nicht mehr Glauben, um jemanden von den Toten aufzuerwecken, als jemanden zum Glauben an Jesus und damit zur neuen Geburt zu bringen!

Zeit für den Vorschlaghammer!

Die größte Demonstration der Kraft Gottes zeigte sich, als du wiedergeboren wurdest! Du warst von Natur aus ein Kind des Teufels. Er hatte einen Rechtsanspruch auf dich. Der Feind beherrschte dein Leben ganz legal, weil du ein Bürger des Reichs der Finsternis warst. Zum Zeitpunkt deiner Errettung gab es für dich noch keine Dinge wie Fasten, Beten, Bibel lesen, Kirche besuchen, den Zehnten geben oder ein heiliges Leben führen. Dennoch konntest du ohne alle diese Anstrengungen das größte aller Wunder empfangen! Das konnte aber nur geschehen, weil du daran geglaubt hast, dass es schon vollbracht war. Wie hätte da Raum für Zweifel bleiben sollen, ob Gott vielleicht erst noch tun müsse, was er bereits getan hat?

Das Evangelium ist die gute Nachricht darüber, was er getan hat, und keine »gute Prophezeiung« darüber, was er noch tun wird! Eine Nachricht oder eine »Neuigkeit«, die in der Zeitung steht, hat in der Vergangenheit stattgefunden. Die gute Nachricht oder »Neuigkeit« des Evangeliums besteht darin, dass Gott dir bereits vergeben hat. Wieso solltest du dich dafür entscheiden, in die Hölle zu fahren, obwohl deine Sünden vergeben sind? Warum solltest du dir die großzügige Vorsorge des Herrn nicht zunutze machen? Du musst lediglich verstehen, dass er seinen Teil bereits getan hat! Die Frage lautete nicht: »Wird Gott dich erretten?«, sondern: »Wirst du seine Errettung annehmen?« Das Geschenk wurde bereits gemacht, doch wirst du es annehmen?

Genauso verhält es sich mit allen anderen Dingen im christlichen Leben! Gott hat dich bereits geheilt, befreit und dir Wohlstand geschenkt. Doch die meisten Menschen betteln und flehen und versuchen, Gott durch Gebet zu kontrollieren und zu manipulieren. Dahinter steht die Haltung: »Wie zwinge ich Gott dazu, etwas zu tun, das er nicht tun will?« Diese Vorstellung ist völlig falsch! Gebet bedeutet nicht, Gott zum Handeln zu überreden. Gebet bedeutet, im Glauben zu empfangen, was er bereits getan hat!

Sollte der Herr seine Wiederkunft noch hinauszögern, werden die Gläubigen in hundert Jahren auf die meisten Konzepte, die man heute als »Fürbitte« anpreist, zurückblicken und denken: *Wie unwissend und barbarisch kann man eigentlich sein?* Wenn jemand bei klarem Verstand ist, dann sollte er den Großteil der gegenwärtigen Lehre, die unter Christen als »Fürbitte« ausgegeben wird, nicht glauben. Fürbitte ist einer der Bereiche mit der größten Täuschung und Gebundenheit in der heutigen Gemeinde!

Gebet bedeutet nicht, Gott zum Handeln zu überreden. Gebet bedeutet, im Glauben zu empfangen, was er bereits getan hat!

Bevor Jesus lehrte, was Gebet ist, offenbarte er, was es nicht ist. Rücken wir unseren fehlerhaften Fundamenten mit dem Vorschlaghammer zu Leibe und schaffen sie weg; sie behindern uns nur!

KAPITEL 2

Wie lange betest du?

Obwohl vieles von dem, was man heutzutage »Gebet« nennt, Gott beleidigt, ist er doch großmütig genug, damit klarzukommen. Unser himmlischer Vater ist groß genug, eine gewisse Unreife bei seinen geliebten Kindern zu ertragen.

Alles, wogegen ich jetzt predige, habe ich früher selber praktiziert. Gott tolerierte mich und segnete mich sogar, obwohl ich noch auf diese Weise betete. Er war nicht zornig auf mich, aber viele meiner sogenannten Gebete blieben unbeantwortet.

Wenn ich der Art und Weise, wie du betest, entgegentrete, dann denke bitte nicht, dass ich damit sagen will, Gott sei zornig auf dich. Er ist es nicht! Gott ist ein guter Gott; aber wenn du so bist, wie ich es war, dann bist du durch die Worte deines Mundes gefangen.

Ich habe entdeckt, dass es eine richtige und eine falsche Art zu beten gibt. Über die Jahre hat der Herr meine Sicht in Bezug auf Gebet und meine Gebetspraxis durch sein Wort verändert. Ich bin wirklich froh, dass er das getan hat, denn meine Denkweise brauchte Veränderung.

Behalte ein offenes Herz

Bewahre bei der Lektüre dieses Buches ein offenes Herz und offene Ohren für den Heiligen Geist. Der Heilige Geist ist dein Lehrer und Führer, der dich in alle Wahrheit leitet. Auch wenn du dich an manchen Stellen vielleicht angegriffen fühlst, lass dich trotzdem nicht davon abhalten, das Buch zu Ende zu lesen. Denn wenn du an unproduktiven Gebetsmustern festhältst, hast du weitaus mehr zu verlieren als zu gewinnen! Tatsächlich könnten deine Demut und Bereitschaft, vor dem Herrn das zu erwägen, woran ich dich hier teilhaben lasse, für dich oder einen geliebten Menschen den Unterschied zwischen Leben und Tod ausmachen. Vertrau mir, das Risiko lohnt sich!

Ich erhebe nicht den Anspruch, im Hinblick auf Gebet schon »am Ziel« zu sein, aber ich habe mich definitiv auf den Weg gemacht. In meinem Leben und meinem Dienst sehe ich regelmäßig Wunder aller Art. Mein eigener Sohn ist von den Toten auferstanden, nachdem er schon fünf Stunden tot gewesen war. Ich habe vielfach miterlebt, wie sich blinde Augen und taube Ohren öffneten, ganz zu schweigen von all den Krebsleiden, die geheilt wurden, den Menschen, die aus Rollstühlen aufstanden, und den Dämonen, die ausgetrieben wurden. Außerdem erfährt unser Dienst einen ständigen Fluss reichlicher Versorgung, um das zu tun, wozu Gott uns berufen hat. Ich erwähne diese Dinge nicht, um dich zu verurteilen oder mich zu erhöhen, denn alle Ehre gehört unserem Herrn Jesus Christus!

Mein eigener Sohn ist von den Toten auferstanden, nachdem er schon fünf Stunden tot gewesen war.

Ich möchte dich vielmehr dazu anregen, diese Resultate mit denen zu vergleichen, die du bisher erzielt hast. Wenn du solche Dinge nicht regelmäßig erlebst, warum solltest du dann an einer weniger produktiven Art des Gebets festhalten? Bewerte dein Gebetsleben ehrlich, während ich mich im weiteren Verlauf mit verschiedenen Haltungen und gängigen Auffassungen auseinandersetze. Dies ist deine Gelegenheit, ungewollte Hindernisse, die die Effektivität deines Gebets bisher gedrosselt haben, zu erkennen und auszuräumen. Denk daran – Wachstumsschmerzen bedeuten lediglich, dass du in einem Reifeprozess stehst, in dem du gedehnt und gestreckt wirst!

Öffentliche Religiosität

Wenn du aber betest, so geh in deine Kammer, und wenn du deine Tür geschlossen hast, bete zu deinem Vater, der im Verborgenen ist! Und dein Vater, der im Verborgenen sieht, wird dir vergelten. — Matthäus 6,6

Ich bin schon von Leuten mit der Behauptung herausgefordert worden: »Man sollte nie in der Öffentlichkeit beten!« Jesus betete in der Öffentlichkeit. Die Parallelstelle hierzu beginnt in Lukas 11,1, als Jesus öffentlich betete und die Jünger dadurch zu der Bitte veranlasste: »Kannst du uns lehren zu beten?« Wenn der Herr es wörtlich gemeint hätte, dass man immer im Verborgenen beten müsse, damit niemand einen höre, dann hätte er damit gegen seine eigenen Anweisungen verstoßen. Hier in Matthäus 6,5–6 erklärt Jesus im Grunde: »Seid nicht wie die Heuchler, die wegen der Aufmerksamkeit und Anerkennung von Menschen beten.«

Ich habe schon viele Gemeinden erlebt und alle möglichen Arten von öffentlichem »Gebet« gehört. Die Leute sprechen oft laut in einer Art altertümlichem King-James-Englisch (für Deutschsprachige vergleichbar mit der Sprache der Original-Lutherbibel), weil sie denken, das sei geistlicher. Gegen die *King James Version* der Bibel an sich habe ich nichts (tatsächlich ist sie meine Lieblingsbibel), aber ich habe nicht das Gefühl, so zu Gott sprechen zu müssen, um wirklich zu beten. Ich habe Menschen getroffen, die nie im King-James-Stil sprechen, es sei denn, sie »beten«. Dann klingen sie auf einmal ganz »fromm«, sprechen in einem anderen Tonfall und benutzen diese altertümlichen Sprachfloskeln. Das ist Heuchelei!

Stinklangweilig

Es schockiert dich vielleicht, aber viele deiner Gebete gefallen Gott gar nicht! Ich musste das auf die harte Tour lernen. Als ich zum ersten Mal wirklich Feuer für den Herrn fing, erklärten mir Menschen, dass ich eine Stunde täglich beten müsse. Ich dachte: *Wenn eine Stunde schon gut ist, dann müssen zwei oder drei Stunden noch besser sein!* Über Monate, wenn nicht Jahre, begann ich diese reglementierte Gebetszeit pünktlich um sieben Uhr morgens.

Für mich war dieser Versuch, jeden Tag eine bestimmte Zeit mit Gebet zu verbringen, ausgesprochen frustrierend. Tatsächlich schien das Ganze auch nie wirklich irgendwelche positiven Ergebnisse zu bringen. Viele Gläubige haben damit nicht nur einmal, sondern viele Male angefangen und wieder aufgehört. Für mich jedenfalls schien es einfach nie zu fließen.

Viele Menschen, die Gott wirklich von ganzem Herzen lieben, empfinden es als schwierig, nach Vorschrift zu beten. Ihre vormals lebendige Beziehung zum Herrn wird dadurch vielmehr gedämpft, mechanisch und leblos. Ungeachtet dessen, was gelehrt wurde, steht dieses starre Modell, wonach man täglich für eine bestimmte Zeit betet, nicht im Einklang mit der Gesamtheit von

Gottes Wort. Wenn du versuchst, so zu beten, und es nicht »fließt«, könnte der Grund dafür darin liegen, dass der Heilige Geist es dir auszureden versucht!

Immerhin verhalf mir diese Praktik dazu, mich selbst zu disziplinieren. Ich verbrachte meine Zeit nicht mit Fernsehen oder anderen Dingen, die meinem Glauben schadeten. Insgesamt jedoch war diese Gebetszeit stinklangweilig!

Warum mache ich das?

Ich erinnere mich daran, wie ich damals anfing. Ich schloss meine Augen und betete für eine Zeit, die mir sehr lang erschien. Nach einer Weile fragte ich mich, wie lange ich nun wohl schon gebetet hätte. Ich schaute auf meine Armbanduhr und stellte fest, dass fünf Minuten vergangen waren – fünf Minuten! Ich dachte, es wäre mindestens eine halbe, wenn nicht gar eine Stunde gewesen. Ganz enttäuscht setzte ich mein Gebet fort und klagte: »Gott, diese Stunde wird wohl nie vorübergehen!«

Eigentlich genoss ich die Gegenwart des Herrn jeden Tag, und es geschahen großartige Dinge, während ich das Wort studierte und den Herrn anbetete. Dann aber wurde es wieder Zeit für mich zu »beten«. Eines Tages schließlich, so gegen 6:45 Uhr vertraute ich mich Gott an: »Ich meine das nicht böse«, sagte ich zu ihm. »Ich liebe dich wirklich. Ich habe überhaupt kein Problem mit dir, aber diese Gebetszeit stinkt mir. Ich hasse sie! Diese Zeit kommt mir wie die längste Stunde meines ganzen Tages vor! Ich will nicht kritisch sein, aber ich sage dir einfach, wie es ist. Mir graust vor dieser Zeit schon von 6:30 Uhr an!«

Sofort sprach der Herr zu meinem Herzen: »Mir graust schon ab 6:00 Uhr davor! Ich persönlich kann diese Stunde kaum ertragen!«

Blitzschnell folgerte mein Verstand: *Wenn es Gott nicht gefällt und es mir nicht gefällt, warum mache ich es dann* überhaupt? Also hörte ich auf damit und mein geistliches Leben verbesserte sich außerordentlich!

Genau diesen Punkt sprach Jesus in Matthäus 6,7 an:

> *Wenn ihr aber betet, sollt ihr nicht plappern wie die von den Nationen; denn sie meinen, dass sie um ihres vielen Redens willen erhört werden.*

Aus Gottes Perspektive hat eine Stunde Gebet pro Tag an und für sich gar keinen Wert!

Keine Tugend

Die meisten Menschen glauben im Grunde: »Je länger ich bete, desto besser ist es und umso eher wird Gott antworten. Deswegen heißt die Lösung für alles: länger beten.« Brüder und Schwestern, es ist absolut keine Tugend, lange zu beten!

Jesus hielt seine Gebete normalerweise kurz. Nur zweimal im Neuen Testament betete er die ganze Nacht lang. Weil beide Situationen in allen vier Evangelien aufgezeichnet sind, denkst du vielleicht, dass es acht waren. Es waren aber wirklich nur zwei verschiedene Anlässe. Der Herr betete für gewöhnlich nicht sehr lange.

Je kürzer das Gebet, desto größer der Glaube! »Schweig, verstumme!«, stillte einen tobenden Sturm (Mk 4,39). Das war Gebet! »Lazarus, komm heraus!«, weckte den Toten mit nur drei Wörtern auf (Joh 11,43). Wenn du Gebet an sich besser verstehst, werden sich deine Gebete ebenfalls verkürzen. Tatsächlich lehrt ein Freund von mir, dass »Hilfe!!!« ein großartiges Gebet sei!

Wenn ich für längere Zeit bete, bringe ich für gewöhnlich einen erheblichen Teil davon mit Sprachengebet zu. Ich bitte Gott gar nicht so oft um etwas, sondern fördere mein eigenes geistliches Wachstum. Ich bete für Weisheit und Offenbarung vom Herrn und empfange sie auch. Selbsterbauung ist im Neuen Testament ein wichtiger Zweck von Gebet (1Kor 14,4; Judas 20.21).

Die Mehrheit der Kirche betrachtet Gebet jedoch in erster Linie als Gelegenheit, von Gott etwas zu erbitten. Mit verengtem Blick sehen diese Menschen Gebet als ihre Zeit, in der sie Gott anflehen, ihren Nöten zu begegnen. Natürlich gibt es Bibelstellen, die zeigen, dass auch Bitten und Empfangen ein legitimer Zweck des Betens ist, aber es sollte nicht mehr als fünf Prozent deines Gebetslebens ausmachen. Wenn ich von meiner Beziehung zum Herrn ausgehe, glaube ich, dass es so am besten ist.

Mach dir nichts vor

Was bliebe vom Gebet der meisten Christen übrig, wenn man all das Bereuen von Sünden, Bitten für Dinge und die Fürbitten abziehen würde? Fast gar nichts! Das Gebet der meisten Menschen sieht so aus: »O Gott, es tut mir so leid, dass ich schon wieder versagt habe! Hilf mir, dieses Problem zu überwinden. Gott, heile dies und sorge für jenes!« Und wenn sie wirklich geistlich sind, beten sie: »Tu auch dies und jenes für andere Menschen!« Das ist alles, was dabei herauskommt.

Adam und Eva beteten für nichts dergleichen! Es gab niemanden, für den sie Fürbitte tun konnten, keine Dämonen, die man austreiben, und keine Reiche, die man zerstören musste. Sie mussten ihren Glauben nicht für Kleidung, Nahrung, Häuser oder gar Arbeitsstellen einsetzen – für überhaupt keine Bittgesuche –, und dennoch trafen sie sich mit Gott jeden Tag in der Kühle des Abends und unterhielten sich mit ihm. Ihre Gespräche mit Gott drehten sich nicht um Sünde, Mangel, Not, Probleme, Buße, Betteln oder Flehen. Und doch beteten sie jeden Tag, das heißt: Sie kommunizierten mit Gott!

Gebet wird religiös, wenn man versucht, es für einen Zweck zu benutzen, den Gott nie beabsichtigt hat. Aus diesem Grund fließt es auch nicht. Du kannst Gott versprechen: »Ich werde eine Stunde täglich beten, und wenn es mich umbringt!«, und das dann auch eine Woche oder sogar einen oder zwei Monate lang durchhalten. Doch wird es nie von Dauer sein, weil Gott dich so nicht leitet. Mach dir nichts vor; denk nicht, du würdest um deiner langen Gebetszeiten willen erhört oder wegen des Gebrauchs bestimmter Worte, mit denen du Gott immer und immer wieder anflehst. Der Herr machte sehr deutlich, dass so etwas nichts mit Gebet zu tun hat (Mt 6,7).

Gebet wird religiös, wenn man versucht, es für einen Zweck zu benutzen, den Gott nie beabsichtigt hat.

Den ganzen Tag lang!

Vor vielen Jahren besuchte ein Bruder aus einer anderen Gemeinde Colorado Springs, um dort zu predigen. Seine Botschaft und sein Dienst waren ausschließlich darauf ausgerichtet, Menschen ins Gewissen zu reden, täglich eine Stunde lang auf Grundlage des

Vaterunsers zu beten. Ich ging zu seinen Veranstaltungen und zog aus seinen Ausführungen auch einigen Nutzen.

Später suchte er mich in meinem Büro auf und fragte mich geradeheraus: »Wie lange betest du jeden Tag?«

Seine Frage traf mich völlig unvorbereitet! Ich hatte mir vorher noch nie Gedanken darüber gemacht und mir das ausgerechnet. Als ich darüber nachdachte, fragte ich mich: *Warum will dieser Mann wissen, wie lange ich jeden Tag bete?* Mir fielen nur zwei mögliche Gründe ein: Entweder wollte er sich mit mir vergleichen, in der Hoffnung, dabei besser abzuschneiden (um sein Ego aufzupolieren und sich dabei gut zu fühlen), oder er wollte mich verurteilen und seinen offenkundigen »geistlichen Einfluss« nutzen, um mich irgendwie zu kontrollieren und zu manipulieren, damit ich positiv auf ihn reagierte. Das waren die beiden einzigen Gründe, die ich hinter seiner Frage sehen konnte.

Während ich über eine Antwort nachdachte, fragte mich der Herr: »Wie viel Zeit hast du gestern mit deiner Frau verbracht?« Ich antwortete, dass wir den ganzen Tag miteinander verbracht und gemeinsam verschiedene Dinge getan hätten. »Warum«, fuhr Gott daraufhin fort, »solltest du, wenn du den ganzen Tag mit Jamie zusammen warst, deine Beziehung auf nur eine gemeinsame Stunde mit ihr reduzieren und das dann einen Fortschritt nennen? Ich stehe dir ständig zur Verfügung. Wenn du unser Verhältnis auf nur eine Stunde Gebet pro Tag reduzieren würdest, dann wäre das eine armselige Beziehung im Vergleich zu dem, was wir bereits genießen!«

Mutig antwortete ich dem Bruder in genau diesem Sinne: »Weißt du was? Ich verbringe den ganzen Tag im Gebet mit Gott.«

Er schaute mich schockiert an und stammelte: »N-n-nein … du verstehst nicht, was ich meine …«

»Nein, du verstehst nicht, was ich meine. Ich verbringe den ganzen Tag in Gemeinschaft mit Gott. Das *ist* Gebet!«

Ständige Gemeinschaft

Gebet ist Gemeinschaft mit Gott! Wenn er ständig bei dir ist, solltest du auch ständig beten. Diese Gemeinschaft ist in ihrem Ausdruck nicht auf ein bestimmtes Repertoire von Körperhaltungen begrenzt. Menschen in der Bibel knieten, hoben ihre Hände und blickten sogar manchmal zum Himmel auf. Aber mach keine religiöse Formel aus diesen Dingen, du brauchst das alles nicht, um etwas als »Gebet« ansehen zu können. Du kannst mit offenen oder geschlossenen Augen beten, mit erhobenen oder gesenkten Händen, stehend, kniend oder hingestreckt am Boden liegend. Da Gebet Nachsinnen, also Nachdenken ist (Ps 19,15), musst du noch nicht einmal laut sprechen! Du solltest mit Gott in ständiger Gemeinschaft leben.

Es gibt auch »besondere Zeiten« intimer Zweisamkeit. Meine Frau und ich haben zwar einen Terminplan, der es uns nicht erlaubt, jede Woche eine »Abendverabredung« zu haben, aber wir gehen regelmäßig aus und unternehmen Dinge gemeinsam. Allein schon die Zeit zu zweit, die wir miteinander verbringen, hilft uns, in unserer Ehebeziehung Intimität herzustellen. Ohne diese eingeplanten Zeiten könnten wir leicht so sehr mit dem Leben beschäftigt sein, dass wir nie Zeit füreinander hätten!

In gleicher Weise ist es angemessen, sich mit Gott für besondere Zeiten der Intimität alleine zurückzuziehen – doch nicht ständig! Du musst lernen, inmitten deiner täglichen Verantwortlichkeiten und wöchentlichen Routinen eine Beziehung zu ihm zu leben, denn sie beanspruchen den Großteil deines Lebens. Für

Ehepartner ist es völlig unrealistisch, ihre Beziehung nur auf diese »besonderen Zeiten«, die sie miteinander haben, zu beschränken. Genauso ist es mit Jesus, unserem ewigen Bräutigam. Beschränke deine Beziehung zu ihm nicht nur auf »Verabredungen«. Lebe und rede jeden Tag mit ihm – den ganzen Tag lang!

Du musst lernen, inmitten deiner täglichen Verantwortlichkeiten und wöchentlichen Routinen eine Beziehung zu ihm zu leben, denn sie beanspruchen den Großteil deines Lebens.

Einige Menschen versuchen, ihre Beziehung zu Gott zu einem spektakulären Dauerereignis zu machen. Sie meinen, sie müssten aus vollem Hals schreien, mit erhobenen Händen knien, tränenüberströmt und von Blitz und Donner umgeben sein, um wirklich »Gemeinschaft mit Gott« zu haben. Wenn du das unter »Gebet« verstehst, wirst du nie vorwärtskommen!

Eine Sache, die mich sicher sein ließ, dass Jamie das Mädchen war, das ich heiraten sollte, war die Tatsache, dass es uns einfach gefiel, zusammen zu sein. Anders als bei anderen Mädchen, musste ich sie nicht unterhalten oder beeindrucken. Wir konnten stundenlang zusammen sein, ohne ein einziges Wort zu wechseln, und dennoch eine großartige Zeit haben. Für diese Einstellung sollte auch in unserem Gebetsleben Raum sein.

Gott möchte, dass wir alle so weit heranreifen, dass wir einfach gern Zeit mit ihm verbringen. Er wünscht sich unsere Gesellschaft, selbst wenn nichts gesagt wird und auch nichts Besonderes geschieht, außer, dass man zusammen ist und einander liebt.

Ich persönlich baue meine Beziehung zu Gott gern durch das Studium der Bibel auf. Bibellesen ist für mich Gebet, weil ich es mit dem Herzen tue und nicht bloß mit dem Kopf. Wenn ich mit dem Herrn Gemeinschaft habe, kann eine einzige Bibelstelle mich stundenlang beschäftigen! Während ich nachsinne, Fragen stelle und Gott reden lasse, kommt Offenbarung. Das ist Gebet!

KAPITEL 3

Schwerwiegende Missverständnisse

Lass dich von Satan nicht niedermachen, weil du dich nicht jeden Tag eine halbe oder ganze Stunde lang irgendwo einschließt, um Festungen zu zerstören, Dämonen zurückzuweisen, zu schreien und zu brüllen und so weiter! Es gibt keinen Grund, sich deshalb schuldig zu fühlen. Gott ist bereits so zufrieden mit dir, wie er es nur sein kann! Viel von der traditionellen Lehre über Gebet lässt sich unmöglich ins tägliche Leben integrieren.

Bist du Mutter von kleinen Kindern? Wenn du dich jeden Tag einschließt, um für eine oder zwei Stunden zu beten, dann hast du Gott nicht richtig verstanden! Es ist nicht sein Wille, dass du dich für längere Zeit absonderst und deine Kinder währenddessen unbeaufsichtigt bleiben. Es ist nicht geistlich, die Kinder das Haus abreißen und sich gegenseitig umbringen zu lassen, während du dich einschließt, um »mit Gott zu reden«. Auch wenn du mit ihm nicht allein sein kannst, so kannst du doch inmitten all der anderen Dinge den ganzen Tag lang unablässig beten. Du kannst mit Gott in ständiger Gemeinschaft sein, und er freut sich darüber!

Gebet sollte etwas sein, das du in deinen normalen Tagesablauf einbauen kannst. Kannst du eine besondere Zeit alleine auf den Knien, mit geschlossenen Augen und ohne Ablenkung haben, dann mach Gebrauch davon. Denk nur daran, dass Gebet nicht so aussehen muss, damit es Gott gefällt. Du solltest in der Lage sein zu beten, während du Auto fährst (natürlich mit geöffneten Augen!), arbeitest, dein Haus in Ordnung bringst, die Wäsche machst und was sonst noch anfällt. Sei kreativ und entdecke Wege, wie du den ganzen Tag mit ihm kommunizieren kannst!

Geh ins Bett!

Viele Menschen lehren Dinge über Gebet, die man im wirklichen Leben einfach nicht umsetzen kann. Sie reden davon, zwei oder drei Stunden vor allen anderen aufzustehen, um zu beten. Sie heizen dir mit inspirierenden Geschichten emotional ein und schicken dich dann wieder ins Leben hinaus. Wenn du das, was sie sagen, tun kannst – großartig! Wenn du jedoch Kinder hast, die dich bis zehn Uhr abends auf Trab halten, dich nachts dann noch zwei bis drei Mal wecken, und du morgens um fünf schon wieder zur Arbeit musst, wirst du nicht in der Lage sein, so früh aufzustehen, um zu beten, und Gott erwartet das auch nicht von dir! »Vergebens ist es für euch, dass ihr früh aufsteht, euch spät niedersetzt … So viel gibt er seinem Geliebten im Schlaf« (Ps 127,2).

Als ich den Herrn anfangs suchte, verspürte ich ein starkes Verlangen, ihm zu dienen. Man erklärte mir, dass ich entweder bis spät abends aufbleiben oder früh morgens aufstehen müsse, um zu beten. Ich erinnere mich noch, wie ich lange aufblieb und zu beten versuchte. Ständig schlief ich ein und fühlte mich deswegen hinterher völlig verurteilt!

Als ich einmal mitten in der Nacht auf meinen Knien aufwachte und mich wieder genauso fühlte, betete ich: »Es tut mir so leid, Gott. Was kann ich nur tun, damit ich beim Beten nicht wieder einschlafe?«

Gott antwortete: »Geh ins Bett und schlaf dich richtig aus! Dann kannst du auch beten, ohne einzuschlafen!«

Wenn ich heutzutage einschlafe, während ich das Wort studiere oder bete, dann halte ich einfach ein Nickerchen! Nachdem ich mich dann etwas ausgeruht habe, mache ich da weiter, wo ich aufgehört habe, und alles ist in Ordnung.

Was ich hier sage, zerstört einige gängige Vorstellungen und Konzepte in Bezug auf Gebet. Dennoch sollten wir folgender Tatsache ins Auge blicken: Gott ist nicht erfreut über all unsere religiösen Gymnastikübungen! Tatsächlich sind sie nichts anderes als das. Viele Christen sind genau wie die Heuchler, über die Jesus sprach. Sie beten, um Anerkennung von anderen zu bekommen und um ihr Gewissen zu beruhigen. Dabei denken sie, die Erfüllung ihrer religiösen Pflichten zwinge Gott dazu, sich zu »bewegen« und ihnen das Gewünschte zu geben. So handelt Gott nicht und es beeindruckt ihn auch nicht, wie viel Zeit du im Gebet verbringst!

Gott weiß schon Bescheid

»Seid ihnen nun nicht gleich [den Heiden, die viel reden und lange Gebete sprechen]! Denn euer Vater weiß, was ihr benötigt, ehe ihr ihn bittet.« — Matthäus 6,7a+8

Beim Beten geht es nicht darum, Gott darüber zu informieren, wie schlimm deine Situation ist. Er weiß schon, was du brauchst – sogar bevor du bittest!

Hast du schon einmal gebetet: »O Gott, der Arzt hat gesagt …«, und dann den negativen Arztbericht bis in Detail zitiert? Gott versteht deine Situation besser als du! Er muss nicht darüber in Kenntnis gesetzt werden, was dein Chef, dein Ehepartner, dein Banker oder sonst irgendjemand gesagt hat. Es ist schlichtweg unnötig oder unnütz, Gott eine detaillierte Beschreibung deines Problems zu geben!

Beim Beten geht es nicht darum, Gott darüber zu informieren, wie schlimm deine Situation ist. Er weiß schon, was du brauchst – sogar bevor du bittest!

Viele Christen malen sich in ihrer Fantasie einen riesigen Schreibtisch im Himmel aus, auf dem sich Millionen von Gebetsanliegen türmen, die Gott bearbeiten muss. Sie nehmen an, er werde förmlich überschwemmt und könnte Monate brauchen, um sich bis zu ihrem Anliegen durchzuarbeiten. Deshalb übernehmen sie es selbst, Gott über die Dringlichkeit ihrer Situation zu informieren, indem sie beten: »Das hier musst du schnell erledigen!« Sie hoffen, er werde ihr Anliegen daraufhin ganz oben auf den Stapel legen und seinen Stempel »Genehmigt« darauf setzen. Diese Vorstellung und die daraus resultierenden Verhaltensweisen sind völlig falsch. Gott steckt nicht fest, er ist auch nicht Monate im Rückstand oder in Unkenntnis über die Dringlichkeit deiner Lage. Gebet dient nicht dazu, »den armen, schlecht unterrichteten Gott« darüber zu informieren, wie schlimm deine Situation ist!

Weil die meisten Menschen das nicht wissen, füllen Probleme, Nöte und Dringliches einen großen Teil ihres Gebetslebens aus. Von ihren Gebeten bliebe nicht viel übrig, würde man alles daraus entfernen, was sich darum dreht, Gott über Probleme zu informieren und darüber, wie schlimm sie sind. Aus diesem Grund gebe ich Frauen auch meistens den Rat, nicht mehr für ihre Ehemänner zu beten.

»O Gott, mein Mann schlägt mich, misshandelt die Kinder und tritt sogar unseren Hund. Er verprasst unser Geld mit Trinken, Glücksspielen und Schmuddelheften! Er ist ein völlig verkommenes Subjekt!« Sie erklären Gott 45 Minuten lang, wie schlecht ihr Mann sei, und beenden ihr Gebet dann mit der Bemerkung: »... aber ich glaube, dass du ihn erretten wirst, in Jesu Namen.« Fünf Sekunden im Glauben stehen 45 Minuten im Unglauben gegenüber, in denen die Probleme aufgewärmt werden. Dann fragen diese Frauen mich: »Wieso bin ich nicht ermutigt?« Das ist einfach kein ermutigendes Gebet!

Tod und Leben

Tod und Leben sind in der Gewalt der Zunge ...
— Sprüche 18,21a

Selbst im »Gebet« bringen deine Worte entweder Tod oder Leben hervor. Gottes Lösungen auf Grundlage seines Wortes zu beten, setzt Leben frei. Betest du jedoch negativ, also auf deine Probleme konzentriert, befeuert und stärkt sie das nur noch weiter – ob du dir dessen bewusst bist oder nicht!

Der Herr unterbrach einmal Charles Capps im Gebet und sagte: »Charles, was machst du da gerade?«

»Ich bete!«

»Nein, das tust du nicht. Du beschwerst dich!«

Viele Menschen, die denken, sie würden beten, meckern, murren und beschweren sich in Wirklichkeit nur. Durch die Negativität in ihrem Gebet setzen sie die Kraft des Todes in ihrem Leben frei. Darüber freut Gott sich nicht!

Gebet ist dermaßen religiös geworden. Wir müssen diese heuchlerischen Formen und Haltungen klar als das erkennen, was sie wirklich sind. Nachdem wir alles ausgeräumt haben, was Gebet nicht ist, sind wir nun in der Lage, ein richtiges Fundament dafür zu legen, was Gebet *ist*. Noch einmal, ich spreche in erster Linie von meinem eigenen Leben. Ich werde nichts kritisieren, was ich nicht schon selbst getan habe.

Gottes Lösungen auf Grundlage seines Wortes zu beten, setzt Leben frei. Betest du jedoch negativ, also auf deine Probleme konzentriert, befeuert und stärkt sie das nur noch.

Moody

Früher organisierte ich häufig Gebetsnächte. Nachdem wir unsere Leute zusammengetrommelt hatten, taten wir von ganzem Herzen Fürbitte, während draußen die Sonne unterging. Am Ende blieb ich jedoch ganz allein übrig, um die ganze Nacht zu beten, denn alle anderen gingen immer schon um 22 oder 23 Uhr nach Hause.

Ich habe viele Nächte hindurch gebetet. Als Soldat in Vietnam betete ich dreizehn Monate lang jede Nacht vier Stunden auf Bunkerwache. Vier Stunden! Das war noch, bevor ich in neuen Sprachen redete. Wenn man nicht in Sprachen redet, kann man in dreißig Minuten für die ganze Welt beten! Vier Stunden zu beten war nicht einfach, aber ich zwang mich dazu.

Alles, wogegen ich mich mit meiner Lehre heute wende, habe ich in meinem Leben schon selber praktiziert. Jetzt tue ich nichts mehr von alledem und erziele bessere Ergebnisse als jemals zuvor.

Ich liebe Gott mehr und er liebt mich; wir haben eine großartige Beziehung! Er ist nicht im Geringsten aufgebracht darüber, dass ich nichts mehr von all dem tue. Du magst jetzt versucht sein, mich zu verurteilen, doch solange du keine besseren Resultate erzielst, solltest du dir vielleicht überlegen, entsprechende Änderungen vorzunehmen.

Als armer Schuhverkäufer begann Dwight L. Moody damit, Kinder in der Sonntagsschule zu unterrichten. Er selbst besaß noch nicht einmal Grundschulbildung. Im Laufe der Zeit öffneten Moodys legendärer Eifer und sein Erfolg, Menschen zum Herrn zu führen, ihm die Tür, auf allen Kontinenten und sogar vor der englischen Königin zu predigen. Hunderttausende von Menschen wurden unter seinem Dienst wiedergeboren. Dieser Mann war stark in Gott!

Moody führte ein diszipliniertes Leben, das es ihm ermöglichte, viel von dem zu tun, was er tat. Jeden Tag von zwölf bis viertel vor eins widmete er 45 Minuten dem Gebet *und* dem Bibelstudium. Das war alles, denn seine restliche Zeit verbrachte er mit Dienen und Reisen. Nach den gängigen Gebetsmodellen, die heute in der Gemeinde Christi gelehrt werden, würde man es für unmöglich halten, dass Moody so effektiv war. Und doch war er es. Auch hundert Jahre später beeinflusst er die Welt immer noch durch das Moody Bibel Institut in Chicago. Dieser Mann hat mehr getan, als die meisten von uns sich je haben träumen lassen.

Bei uns gibt es etliche schwerwiegende Missverständnisse darüber, worum es bei Gebet überhaupt geht!

KAPITEL 4

Das Vaterunser

Deshalb sollt ihr auf diese Weise beten: …
— Matthäus 6,9 SLT

Es war von Jesus nie so gedacht, dass wir das von uns traditionell als »Vaterunser« bezeichnete Gebet (Mt 6,9–13) wörtlich rezitierten sollten, wie es in der Kirche geschieht. Formal betrachtet ist es nicht einmal ein Gebet, das dem neuen Bund in richtiger Weise entspricht. Du magst überrascht sein, das zu hören, doch beachte, dass es nicht im Namen Jesu gebetet wird. Der Herr sagte, kurz bevor er starb: »Bis jetzt habt ihr nichts gebeten in meinem Namen. Bittet, und ihr werdet empfangen, damit eure Freude völlig sei! Was ihr den Vater bitten werdet in meinem Namen, wird er euch geben« (Joh 16,24.23b). Ein Gebet unter dem neuen Bund muss im Namen Jesu gebetet werden.

Ein Gebet unter dem neuen Bund muss
im Namen Jesu gebetet werden.

Der Herr gab uns ein Muster für Gebet, nicht eine Formel zum Wiederholen! Wenn du die Worte »Unser Vater im Himmel …« rezitierst und das »Vaterunser« sprichst, dann beruhigst du nur dein Gewissen (Mt 6,9 LUT). Alles, was du davon hast, ist das Gefühl, deine religiöse Pflicht erfüllt zu haben, denn das bloße Aufsagen dieser Worte bringt dir bei Gott rein gar nichts ein. Das ist nichts weiter als das gehaltlose Plappern, gegen das sich Jesus in Matthäus 6,7 mit seiner Lehre stellte.

Zieht ein mit Dank

Jesus vermittelte durch dieses Mustergebet Prinzipien aus der Schrift.

Zieht ein in seine Tore mit Dank, in seine Vorhöfe mit Lobgesang! Preist ihn, dankt seinem Namen. — Psalm 100,4

Genau so solltest du Gebet beginnen: Du ziehst in seine Gegenwart ein und dankst ihm, preist und lobst ihn. Das ist genau das, wozu Jesus uns in Matthäus 6,9 (LUT) auffordert: »Unser Vater im Himmel! Dein Name werde geheiligt.”

Beginn dein Gebet damit, dass du deine besondere Beziehung zu Gott als deinem Vater würdigst. Nähere dich ihm nicht nur als deinem »Gott« oder als »Richter« oder »Schöpfer«; das ist unpersönlich und distanziert. Jeder Gläubige im Neuen Testament hat eine enge, persönliche Beziehung zu Gott, die sogar die besten Beziehungen übertrifft, die Heilige im Alten Testament zu ihm hatten. Ist das nicht wunderbar?

Komm in seine Gegenwart, indem du ihn preist und anbetest: Lass ihm die Ehre zukommen, die seinem Namen gebührt: Er ist dein liebender himmlischer Vater! Danke ihm für diese besondere Beziehung. Erinnere dich an seine Güte und sein Erbarmen und daran, dass er nicht zornig auf dich ist. Er verurteilt dich nicht, selbst wenn du mal wieder versagt haben solltest. Gott freut sich über dich und liebt dich innig. Wenn du in seine Gegenwart »einziehst«, dann erinnere dich daran: Er ist dein Vater!

Was würdest du über einen Vater denken, bei dem du beobachten könntest, wie eines seiner Kinder zu ihm kommt und sagt: »Ich weiß, dass ich den ganzen Tag nicht mit dir gesprochen habe. Du bist jetzt bestimmt sehr unzufrieden mit mir. Bitte, vergib mir noch einmal …«, und dann würde es fortfahren, den Vater um Barmherzigkeit und Reinigung anzuflehen. Du würdest denken: *Das ist aber kein sehr guter Vater! Der hat seinen Kindern ja echt Angst eingejagt, sich ihm zu nähern, wenn sie nicht alles genau richtig gemacht haben. Sie denken, er werde zornig auf sie, wenn sie den ganzen Tag nicht mit ihm sprechen. Also wirklich!*

Danke ihm für seine Güte, anstatt dich auf deine Unwürdigkeit zu konzentrieren.

Jeder von uns hat sich schon schuldig gemacht, weil er mit einem Gefühl der Unwürdigkeit in die Gegenwart des Vaters gekommen ist und gesagt hat: »Gott, ich habe nicht gebetet. Ich liebe nicht so, wie ich es tun sollte. Ich habe dies nicht getan und ich habe das nicht getan.« Wir kommen zum Vater und anstatt uns auf seine Güte zu konzentrieren, sehen wir nur unser eigenes Versagen und sind völlig davon eingenommen. Unser Vater hat es nicht gern, wenn seine Kinder sich ihm so nähern. Wenn du das Gefühl hast, richtig erbärmlich zu sein, dann preise Gott eben dafür, dass er dich auch als erbärmlichen Menschen liebt! Danke ihm für seine Güte, anstatt dich auf deine empfundene Unwürdigkeit zu konzentrieren.

»Benimm dich einfach so, als würde ich dich lieben!«

Früher besaß ich einmal einen großen Wachhund mit dem Namen »Honey«, den ich bei meiner Mutter ließ, als ich nach Vietnam ging. Die Hündin war ein Mischling – drei Viertel Deutscher Schäferhund und ein Viertel Chow-Chow. Ihren Namen trug sie wegen ihres wunderschönen honigfarbenen Fells. Wenn jemand vorbeikam, dann bellte Honey, rannte am Zaun entlang und sprang daran hoch (an einer Stelle war er davon schon ganz ausgebeult). Sie sah sehr gefährlich aus und jagte daher vielen Leuten einen gewaltigen Schrecken ein!

Honeys Ungestüm schmolz jedoch augenblicklich dahin, sobald man die Hintertür öffnete. Dann duckte sie sich sofort, um davonzukriechen. Honey war von ihrem Vorbesitzer nämlich mit einer Kette geschlagen worden. Obwohl sie gefährlich aussah, war sie in Wirklichkeit sehr ängstlich. Jedes Mal, wenn die Hündin auf mich zulief, stoppte sie drei Meter entfernt von mir, rollte sich auf die Seite, winselte und robbte dann auf der Seite liegend weiter auf mich zu. Honey wollte von mir gestreichelt werden, hatte aber ständig Angst davor, dass ich sie stattdessen schlagen würde.

Eines Tages meditierte ich über die oben erwähnten Verse aus Matthäus 6 und Psalm 100. Ich erinnere mich, wie ich hinausging und mich auf die Veranda hinter dem Haus setzte. Und schon kam Honey quer über den Hof auf mich zu gerannt. Kurz bevor sie mich erreichte, rollte sie sich wie immer auf die Seite und winselte. Diesmal hatte ich von ihren Marotten genug und fuhr sie an: »Honey, ich wünschte, du würdest nur einmal einfach zu mir hergelaufen kommen, mich anspringen und mich so behandeln, wie es ein ganz normaler Hund tut. Jeder, der dich sieht, denkt, ich würde dich schlagen! Alle glauben, ich sei ein gemeines ›Herrchen‹. Mir ist es wirklich peinlich, wenn die Leute sehen, wie du auf mich reagierst!«

Da sprach der Herr zu meinem Herzen: »Mein Sohn, genauso empfinde ich in Bezug auf dich. Ich wünschte mir, du kämst nur einmal zu mir und würdest ›Papa! Vater!‹ sagen und nicht darüber reden, wie leid dir etwas tue und dass du meine Güte und meine Barmherzigkeit nicht verdienest. Ich hätte so gern, dass du nur einmal in meine Gegenwart kommst und dich so benimmst, als würde ich dich lieben!«

Keine Angst vor dem Vater

Genau darüber sprach Jesus in Matthäus 6,9. Zieh ein in seine Tore mit Dank. Preise ihn und bete: »Vater! Danke, dass du mein Vater bist!« Von keinem weltlichen Vater würde man erwarten, dass er seine Kinder so schlecht behandelt, wie wir es von unserem himmlischen Vater uns gegenüber annehmen. Wenn sich ein Kind seinen Eltern so nähern würde, wie Religion uns das in Bezug auf Gott zur Bedingung macht, dann würde man sie der Kindesmisshandlung bezichtigen!

Menschen außerhalb der Kirche hören, in welcher Weise wir über den Herrn sprechen: »Gott hat die Angriffe vom 11. September geschickt. Er richtet Amerika und wir müssen um seine Nachsicht bitten. Der Herr wird unsere gottlose Nation völlig zerstören, wenn wir nicht auf die Knie gehen und jetzt um Vergebung bitten.« Kein Wunder, dass sich Menschen Gott nicht zuwenden. Das ist keine zutreffende Darstellung seiner Person, seines Wesens!

Gott ist nicht wütend auf dich! Es spielt keine Rolle, wie leid dir etwas tut. Vor fast 2000 Jahren hat Gott seinen ganzen Zorn auf seinen eigenen Sohn am Kreuz ausgegossen. Jesus verkündete: »Es ist vollbracht!« (Joh 19,30). Jetzt kannst du dich ihm auf der Grundlage dessen, was Christus getan hat, ohne Furcht nähern.

Gott ist einfach froh, von dir zu hören. Er wird dich nicht rügen. So ist Gott nicht!

Geh voran, zieh ein mit Dank in seine Tore und lobe ihn. Danke ihm für die Tatsache, dass er heilig und freundlich, rein und gut ist. Lobe ihn dafür, dass er dein Vater und nicht dein Richter ist! Er wird der Richter der Ungläubigen sein, dich aber wird er nicht richten. Dein Urteil wurde auf Jesus gelegt. Wenn du an jenem Tag vor ihm stehst und an Christus glaubst, wirst du deine ewige Belohnung empfangen und keine Verdammnis. Es gibt einfach keinen Grund, Angst vor deinem liebenden himmlischen Vater zu haben!

Der Himmel auf Erden

… dein Reich komme, dein Wille geschehe, wie im Himmel, so auch auf Erden! — Matthäus 6,10

Jesus fuhr in seinem Gebet damit fort, Gott zu loben, indem er erklärte: »Vater, ich weiß, es ist dein Wille, dass auf der Erde alles genauso getan wird wie im Himmel.« Im Himmel gibt es keine Krankheit. Deshalb ist es nicht der Wille Gottes, dass du krank bist! Es gibt keine Armut im Himmel. Darum ist es nicht Gottes Wille, dass du hier auf der Erde arm bist! In der Gegenwart des Herrn gibt es Freude, Jubel, Gesang, Lobpreis und Anbetung. So geht es im Himmel zu, und Gott erwartet, dass wir auch hier auf der Erde so leben!

Religion hat uns schon viel aufgetischt! Sie hat uns gelehrt, ständig damit zu rechnen, dass Gott gleich die Hutschnur reiße. Sie hat uns davon überzeugt, dass wir fortwährend versuchen müssten, einen zornigen Gott zu besänftigen. Das ist einfach nur falsch,

falsch und nochmal falsch! Unser Vater will nicht, dass es so ist. Wenn Christen diesen Teil des Mustergebets wirklich verstünden, dann würden sie nicht länger glauben, dass Gott derjenige ist, der böse Dinge in unser Leben bringt, weil er uns damit etwas lehren will. Gott macht Menschen nicht krank. Er bringt keine Armut in unser Leben. Er hat nicht das Scheitern deiner Ehe herbeigeführt, weil du ihm damals nicht gedient hast. Gott hat nicht dein Kind getötet, weil du die Bibel nicht gelesen hast. Nur Religion lehrt diesen Mist. Da ist es kein Wunder, dass wir im Gebet keine besseren Ergebnisse erzielen!

Gott will, dass sein Wille auf der Erde genauso geschieht wie im Himmel! Das sollte uns als Richtlinie dafür dienen, was wir von ihm erwarten können. Wir sollten dafür beten, dass all das, was im Himmel schon auf uns wartet, sich auch immer mehr in unserem irdischen Leben manifestiert. Das ewige Leben hat bereits begonnen!

Nimm es!

Unser tägliches Brot gib uns heute. — Matthäus 6,11 LUT

Beachte, dass Vers 11 keine Frage ist, denn am Ende steht kein Fragezeichen. Er sagt nicht aus: »O Gott, ich weiß, dass ich es nicht verdiene, aber würdest du mir bitte einen Krümel geben, damit ich heute nicht vor Hunger sterben muss?« Nein! Dieser Vers drückt einen Anspruch aus: »Gib uns heute unser tägliches Brot!« Es ist keine überhebliche Forderung, als würden wir sagen: »Gott, ich zwinge dich!«, sondern es ist eher wie bei einem kleinen Kind, das mittags in die Küche gelaufen kommt und verkündet: »Mama, ich will etwas zu essen!« Schlägst du dein Kind dann und forderst:

»Fleh mich gefälligst an!« Nein, natürlich nicht! Die Versorgung mit Nahrung ist einfach Teil der familiären Beziehungen. Kinder erwarten von Vater und Mutter, dass diese ihre Bedürfnisse stillen. Es ist die Vertrautheit mit der Liebe ihrer Eltern, die Kinder ohne Scheu zu ihnen kommen lässt.

Gott will, dass wir auch mit ihm so umgehen. Er sehnt sich danach, dass alle Gläubigen mit seiner Liebe so vertraut sind, dass sie sich ihm angstfrei nähern (Hebr 4,16). Es verlangt ihn danach, dass seine Kinder fest davon überzeugt sind, dass für jedes ihrer Bedürfnisse bereits Vorsorge getroffen wurde. Sie müssen sich nun nur im Glauben ausstrecken und es nehmen! »Danke, Vater, ich empfange meine Heilung. Ich nehme meinen Wohlstand. Ich liebe dich, Vater!« Du versuchst nicht, Gott zum Handeln zu bewegen. Denn in deinem Herzen weißt du einfach, dass er es schon bereitgestellt hat, und deshalb streckst du dich aus und nimmst es an.

Gott sehnt sich danach, dass alle Gläubigen mit seiner Liebe so vertraut sind, dass sie sich ihm angstfrei nähern.

Nicht viele Christen nähern sich Gott auf diese Weise. Wir treten eher wie Bettler und nicht wie Kinder vor ihn hin. Wir sollten beten: »Vater, ich danke dir, dass du schon alles, was ich brauche, zur Verfügung gestellt hast. Du wirst mir nie irgendetwas Gutes verweigern!« Stattdessen kommen wir mit dem Gefühl in seine Gegenwart, dass Gott in unserem Leben nicht wirklich etwas bewirken möchte. Deshalb flehen wir ihn an und bitten ihn inständig, um ihn dazu zu veranlassen, Maßnahmen für uns zu ergreifen. Diese Einstellung ist total mies! Darin drückt sich religiöse

Gebundenheit aus und kein echtes Gebet. Es kränkt Gott und segnet dich nicht. Reiß dieses Zeug nieder und fang von vorn an!

»Unser tägliches Brot gib uns heute.« Mach dir zunutze, was er schon getan hat. Nimm es in Anspruch!

Vergeben und befreit

Und vergib uns unsere Schuld, wie auch wir vergeben unsern Schuldigern. Und führe uns nicht in Versuchung …
— Matthäus 6,12–13a LUT

Es ist offensichtlich, dass dies kein Gebet aus dem neuen Bund ist. Deine Sünden sind dir bereits vergeben worden. Du musst sie nicht mehr dauernd bekennen und beten: »Vergib uns unsere Sünden, vergib uns unsere Sünden.« Sobald du geglaubt und den Herrn empfangen hast, sind deine Sünden vergeben: vergangene, gegenwärtige und zukünftige.

Du musst nicht beten: »Gott, führe mich nicht in Versuchung.« Natürlich wird er das nicht tun! Welcher liebende Vater würde so etwas machen? Jesus gab diese Anweisungen in Matthäus 6 vor dem Kreuz und vor seiner Auferstehung. Er wurde an unserer Stelle in Versuchung geführt und hat den Teufel überwunden (Mt 4,1–11). Wenn du in Versuchung geführt wirst, kannst du sicher sein, dass nicht Gott der Versucher ist (Jak 1,13–14). Im Licht dieser Wahrheit kannst du beten: »Vater, ich weiß, es ist nicht dein Wille, dass ich versucht werde.« Und das genügt.

… sondern erlöse uns von dem Bösen. Denn dein ist das Reich und die Kraft und die Herrlichkeit in Ewigkeit! Amen.
— Matthäus 6,13b LUT

Durch den Glauben an Christus haben wir das Reich gewechselt. Jesus hat uns bereits aus dem Reich der Finsternis erlöst und in das Reich des Lichts versetzt. Der Böse hat seine legale Macht über uns vollkommen verloren, und wir gehören jetzt unserem liebenden himmlischen Vater. Und dafür loben wir ihn. Halleluja!

Jesus hat uns bereits aus dem Reich der Finsternis erlöst und in das Reich des Lichts versetzt.

KAPITEL 5

Bete ein Sandwichgebet!

Das Mustergebet Christi beginnt mit Lobpreis: »Unser Vater im Himmel! Dein Name werde geheiligt«, und endet mit Lobpreis: »Denn dein ist das Reich und die Kraft und die Herrlichkeit in Ewigkeit. Amen« (Mt 6,9.13). Ich bezeichne das gerne als »Sandwichtechnik«. Beginne dein Gebet damit, Gott zu danken, ihn zu preisen und zu erklären, wie groß er ist. Schiebe dann dein Anliegen ein und ende damit, ihn noch einmal zu preisen. Wenn du dich so mit deiner Bitte an Gott wendest – indem du sie zwischen zwei gesunde Scheiben Lobpreis und Danksagung legst –, wirst du feststellen, dass du ihn eigentlich gar nicht um so viel bitten musst.

»O Gott, der Arzt hat mir gesagt, dass ich sterben werde! Ich erinnere mich noch daran, wie dasselbe Leiden Tante Susie umgebracht hat. Es ist wirklich schlimm!« Wenn du auf diese Weise »betest«, entmutigt dich das nur. Es baut Angst auf und macht dich depressiv. Was aber wäre, wenn du eher so beten würdest: »Vater, ich danke dir, dass dein Name über allen Namen ist. Krebs hat einen Namen. Aids hat einen Namen. Das, was laut Aussage meines Arztes in meinem Körper ist, hat einen Namen. Du bist über ihnen allen! Danke, dass du größer, stärker und mächtiger als all das bist!« Verbringe dann noch fünf bis zehn Minuten damit, Gott einfach für seine Größe zu preisen. Wenn du dann so weit bist, dein Anliegen einzubringen, wird das eher so klingen: »Vater, das Ganze ist im Vergleich zu dem, was du tun kannst, so klein. Ich sollte noch nicht einmal bitten müssen, doch der Arzt hat gesagt, dass ich sterben werde. Weil Jesus aber für meine Heilung schon vorgesorgt hat, werde ich sie deshalb jetzt einfach empfangen!« Geh dann wieder dazu über, ihn zu preisen und anzubeten. Im Licht dessen, wer Gott ist, stellt eigentlich nichts ein wirklich großes Problem dar.

Viele Menschen beten: »Unser Richter, der du bist im Himmel. Du bist so schrecklich weit weg. O Gott, ich werde sterben …« Dann bringen sie die nächsten vierzig Minuten damit zu, darüber zu reden, was der Arzt gesagt hat, und beenden ihr Gebet schließlich mit dem Satz: »Heile mich im Namen Jesu, wenn es dein Wille ist!« Danach fragen sie sich, warum sie so deprimiert sind. Weil das ein deprimierendes, wirkungsloses Gebet ist! Der Einzige, der solche Gebete beantwortet, ist der Teufel.

Im Licht dessen, wer Gott ist, stellt eigentlich nichts ein wirklich großes Problem dar.

Lobpreis

Worauf auch immer du dich fokussierst, wird in deinen Augen vergrößert. Konzentriere dich auf das Problem, und es wächst. Konzentriere dich auf Gott (der deine Lösung ist), und deine Sicht von ihm wird größer. Deshalb ist die Richtung deines Gebetes so wichtig. Entscheidest du dich dafür, wirklich Gott oder doch lieber dein Problem zu »vergrößern«? Was du größer machst, wird in deinem Leben an Kraft zunehmen, während das andere an Kraft verliert.

Ein Großteil des Gebetslebens sollte aus Lobpreis bestehen! Lobpreis ist wichtig, weil er Gott segnet und dich stärkt. Der Herr wohnt unter den Lobgesängen seines Volkes (Ps 22,4). Das ist der Hauptgrund, warum Gottesdienste gewöhnlich mit Lobpreis und Anbetung beginnen!

Eines der Wörter für Gebet bedeutet in der Originalsprache »anbeten«, ein anderes »das Gesicht küssen«. Gebet ist Anbetung, und Anbetung ist Gebet. Gebet heißt, das Gesicht unseres Vaters zu küssen. Gebet heißt, Gott lieben und in ständigem Austausch mit ihm stehen.

Brüder und Schwestern, das meiste von dem, was wir tun, ist kein Gebet. Es ist Meckern und Klagen. Es werden Dinge getan, damit man sich besser fühlt, gerade so, als hätte man sich von Gott etwas verdient. »Jetzt wird Gott mich erhören, weil ich eine Stunde lang gebetet habe!« Falsch! Dein Gebet in die Länge zu ziehen, bringt keinerlei Nutzen. Das ist einfach nur Religion.

Gebet ist Anbetung, und Anbetung ist Gebet.
Gebet heißt, das Gesicht unseres Vaters zu küssen.
Gebet heißt, Gott lieben und in ständigem Austausch mit ihm stehen.

Wenn du anfängst, dich Gott mit einer neuen Haltung zu nähern, wird das in deinem Leben einen großen Unterschied ausmachen. Gott möchte dich frei von religiösen Gebundenheiten sehen, die man dir aufgezwungen hat. Er hat dich nicht unter ihre Herrschaft gebracht. Andere Menschen haben sie dir auferlegt. Oder vielleicht hast du sie dir auch selbst auferlegt. So oder so will Gott, dass du frei bist, denn er ist nicht so!

Gott ist eine Person

Möchtest du gern deine Familie zerstören? Hier ist eine effektive Methode: Setze jeden Abend zwischen sieben und acht eine »besondere Zeit« für Gemeinschaft an. Mach das einfach zu einem eisernen Gesetz. Jeden Abend habt ihr um diese Zeit »Gemeinschaft«. Vielleicht sind die Kinder gerade mit ihrem Smartphone beschäftigt oder spielen im Garten. Mutter ist vielleicht noch beim Abwasch. Vater liest mal eben seine E-Mails. Aber sobald die alte Standuhr sieben Uhr geschlagen hat, muss jedes Familienmitglied unter allen Umständen im Wohnzimmer antreten. Dann heißt es: »Auf die Plätze – fertig – Gemeinschaft!!!« Damit wirst du deine Familie ruinieren!

Es ist eine gute Idee, Zeiten einzuplanen, in denen man als Familie etwas zusammen macht, doch wenn man diese täglichen Zeiten unnachgiebig und gesetzlich handhabt, tötet das nach einer Weile das Vergnügen ab. Menschen mögen Abwechslung und Spontaneität. Natürlich muss man Zeit mit jemandem verbringen, um zu ihm eine gesunde Beziehung zu haben, aber man muss schon ein wenig feinfühliger sein als in dem eben genannten Beispiel. Man sollte Dinge zusammen tun, weil man es *will*, und nicht, weil man es *muss*. In dem Moment, in dem man diktiert: »Das hast du zu tun!«, erhebt sich im Inneren des anderen etwas, das sagt: »Ich will aber nicht!«

Eine vertraute, persönliche Beziehung muss sich mit der Zeit entwickeln, egal, ob zu Gott oder zu irgendjemand anderem.

Gott ist eine Person. Er hat keine Freude daran, wenn du zu ihm kommst, weil du denkst, du musst. Der Herr sagt dann höchstens: »Geh wieder und schau weiter fern. Mir ist es lieber, du tust das, als eine Stunde lang bei mir zu meckern und zu klagen!« Genau wie jedem anderen ist es auch Gott lieber, dass du Zeit mit ihm verbringst, weil du es willst!

Eine solide Beziehung zu Gott aufzubauen, braucht Zeit. Wo ich auch hinkomme, treffe ich Menschen, die auf die eine oder andere Weise von meinem Dienst profitiert haben. Sie schätzen, was der Herr durch mich getan hat, und versuchen deshalb, innerhalb von zehn Minuten mein bester Freund zu werden. Sie wollen dann von mir, dass ich mein Innerstes nach außen kehre und ihnen meine »Nöte« anvertraue, damit sie für mich »beten« können. Das hat einen geistlichen Anschein, aber für gewöhnlich schnüffeln sie nur in meiner Privatsphäre herum. Du kannst nicht innerhalb von ein paar Minuten eine innige Freundschaft zu mir entwickeln und mein bester »Kumpel« werden! So funktioniert wahre Freundschaft nicht. Man kann sie nicht diktieren oder fordern. Eine vertraute, persönliche Beziehung muss sich mit der Zeit entwickeln, egal, ob zu Gott oder zu irgendjemand anderem.

Gott ist subtil

Versuch auch nicht zu angestrengt, deine Beziehung zu Gott aufzubauen. Manche Menschen meinen, sie bräuchten schon am frühen Morgen einen Blitz vom Himmel, der ihnen die Haare zu Berge stehen lässt. Falls du Gott heute hierum bittest, was wirst du dann morgen brauchen, um seine Liebe zu »spüren«? Wenn Gott dann nicht etwas Größeres und Besseres auf Lager hätte, würdest du dich verwundert fragen: »Was ist los, Herr? Gestern hast du mich noch ›umgehauen‹, aber heute fühle ich rein gar nichts! Warum liebst du mich nicht mehr?« Gott müsste sich jeden Tag etwas Neues einfallen lassen, nur um dich dauernd zufriedenzustellen. Das ist das Schlimmste, was dir jemals passieren könnte. Anstatt in der Intimität mit Gott zu reifen, würdest du süchtig nach spektakulären Erfahrungen. Darauf lässt Gott sich nicht ein!

Der Herr hat große Freude daran, sich auf fast unmerkliche Weise zu erkennen zu geben. Als Jesus auf diese Erde kam, hätte er sich auf viel »herrlichere« Weise offenbaren können. Er hätte auf einem Kometen reiten und um Mitternacht auf der Spitze des Tempels landen können. Ein Erdbeben hätte alle Menschen in Jerusalem aus dem Bett werfen können, sodass sie die spektakuläre Ankunft des Lichts der Welt hätten miterleben können! Stattdessen kam der Herr der Herren in einem bescheidenen Stall zur Welt, und ein Futtertrog diente ihm als erstes Bett. Die Engel sangen ihre himmlische Geburtsanzeige nicht vor der königlichen Familie im Palast, sondern »brachten ihr Ständchen« ein paar demütigen Schafhirten vor den Toren der Stadt. Jesus beschrieb sich selbst als »sanftmütig und von Herzen demütig« (Mt 11,29). Der Herr ist nicht spektakulär.

Wäre ich an der Stelle des Auferstandenen gewesen, dann wäre ich nicht zuerst Maria Magdalena und diesem bunten Haufen von Jüngern erschienen. Auf keinen Fall! Ich wäre geradewegs zum Haus von Pilatus gegangen, hätte am Fußende seines Bettes gerüttelt und ihn gefragt: »Sind deine Hände immer noch sauber?« Ich hätte die Soldaten besucht, die mir zuvor die Augen verbunden, mich bespuckt, geschlagen und mit der Aufforderung verspottet hatten: »Weissage, wenn du der Christus bist!« Ich wäre durch die Wand ihrer Unterkunft gekommen und hätte gesagt: »Hey Leute, soll ich euch jetzt mal was sagen?« Und als Krönung wäre ich über ganz Jerusalem geschwebt, sodass jeder, der mich gekreuzigt gesehen hätte, mich jetzt als den von den Toten Auferstandenen hätte erkennen können. Anlässlich des Passahfestes befanden sich Hunderttausende von Menschen in der Stadt. Sie wären alle niedergefallen, um anzubeten – doch Jesus tat das nicht. Tatsächlich verzeichnet die Bibel klar, dass er nach der Auferstehung nie jemandem körperlich erschien, der noch nicht an ihn glaubte. So ist Gott eben!

Gott liebt Glauben! Er will, dass du im Glauben auf ihn reagierst. Natürlich *kann* er mit einer akustisch hörbaren Stimme zu dir sprechen. Doch wählt er diesen Weg nur ganz selten, weil es ihm mehr Freude bereitet, wenn du auf das leise Wehen seiner Stimme hörst und reagierst. Gott könnte einen Vogel veranlassen, sich auf deine Schulter zu setzen und dir alles zu erklären, was du wissen musst. Es wäre ihm ein Leichtes, dir durch jeden vorbeilaufenden Hund ein »Gott liebt dich!« zubellen zu lassen. Er könnte dir sogar die Anweisungen für deinen Tag in die Wolken schreiben, aber das entspricht nicht seiner Natur!

Gott liebt Glauben! Er will, dass du im Glauben auf ihn reagierst.

Mehr als eine Bettgeschichte

Um zu »beten«, musst du nicht in seelischer Hochstimmung sein. Wenn du das Gefühl hast, du müssest jedes Mal, wenn du mit Gott redest, schreien und heulen, weinen und dich abmühen, dann bist du wie ein Mensch, der sein ganzes Leben lang jeden Augenblick damit zubringen will, seinen Ehepartner körperlich zu lieben. Das ist eine unrealistische Erwartung! Das Leben ist anders. Sex allein ist keine Basis für langlebige Beziehungen. Er ist ein wichtiger Teil, doch eben nur ein kleiner Teil eines großen Ganzen.

Ich hörte einmal einen Vortrag einer Psychologin zum Thema »Gesunde Beziehungen«. Ihre Ausführungen waren für mich ausgesprochen segensreich. Zu dieser Zeit war ich als Gastsprecher zu einer nationalen Konferenz der Beratungszentren für Krisenschwangerschaften eingeladen. Obwohl ich nicht länger im Vorstand bin, habe ich eine Zeit lang bei der Planung, Gründung und dem Aufbau des Schwangerschaftszentrums in Colorado Springs mitgeholfen. Es ist seither stark gewachsen und hat einen positiven Einfluss auf unsere Stadt!

Die Sprecherin erklärte, warum es Menschen heutzutage so schwerfällt, eine Ehebeziehung aufrechtzuerhalten. Sie beschrieb zehn verschiedene Stufen, auf denen Mann und Frau eine Bindung miteinander eingehen, wobei jede dieser Stufen einen bestimmten Zweck erfüllt. Dazu gehören: lernen, auf unterschiedlichen Ebenen zu kommunizieren, »Händchen halten«, einander zuhören, sich umarmen usw. Jede Stufe vertieft die Intimität in der Beziehung und steuert auf den »Gipfel« zu, die körperliche Vereinigung als Höhepunkt der Ehebeziehung. Weil in der heutigen Gesellschaft Sex so angepriesen wird, neigen Menschen dazu, all die anderen wichtigen Stufen zu überspringen. Sie nehmen an, dass es bei »Intimität« lediglich um den physischen Geschlechtsakt gehe. Weil die Paare in ihrer Beziehung keine Bindung auf den anderen Stufen der Intimität aufgebaut haben, zerbrechen Ehen deshalb mit der Zeit. Eine Ehe kann keinen Bestand haben, wenn Sex das Einzige ist, was sie zusammenhält!

Genauso verhält es sich mit unserer Beziehung zu Gott. Weil wir die Braut Christi sind, gibt es natürlich Zeiten besonderer Intimität (und Gott sei dafür gelobt), wir können aber nicht unsere gesamte Beziehung auf eine »königliche Bettgeschichte« reduzieren!

Ich selbst habe schon unglaubliche übernatürliche Erfahrungen mit Gott gemacht, aber ich spreche nicht sehr häufig öffentlich darüber. Ich bin schon im Geist entrückt worden und für lange Zeiten woandershin gegangen. Gott hat in meinem Leben schon einige wirklich wunderbare Dinge getan. Wenn ich diese Erfahrungen jedoch häufiger mitteilte, würden Menschen versuchen, daraus eine Doktrin zu machen. Diese Dinge geschehen alle paar Jahre einmal. Tatsächlich liegt es wahrscheinlich schon länger als zehn Jahre zurück, dass ich solch eine überwältigende übernatürliche Erfahrung gemacht habe.

»Also, Andrew, dass deine Beziehung zu Gott so stark abgekühlt ist, ist aber wirklich schade!« Abgekühlt? Im Leben nicht! Meine Beziehung zu Gott ist tiefer und intimer als jemals zuvor. Ich wachse und gedeihe nach wie vor! Man muss nur lernen, wie man Gott genießen kann!

Verpass den Herrn nicht!

Kürzlich verbrachte ich ein ganzes Wochenende zu Hause, was für mich wirklich etwas Besonderes ist. Während der gesamten Zeit ging ich auf meinem Grundstück spazieren und lobte Gott für jede Blumenart, mit der er uns gesegnet hat. Sie sind einfach wunderschön, und ich sagte ihm das! Gott freut sich darüber. Ich dankte ihm außerdem dafür, dass wir so gutes Wetter hatten und es hier so grün war wie noch nie!

Das ist deshalb ein solcher Segen für mich, weil Waldbrände uns im Jahr davor aus unserem Haus in den Bergen vertrieben hatten. Obwohl wir zweieinhalb Wochen evakuiert waren, sorgte der Herr dafür, dass das Feuer ungefähr anderthalb Kilometer vor unserem Haus zum Stillstand kam. Da das Brandgebiet hinter einem

Bergrücken liegt, wurde noch nicht einmal unsere Aussicht beeinträchtigt. Gelobt sei Gott!

Du musst einfach nur lernen, deine Verbundenheit mit Gott mitten im Alltag auszuleben. Weißt du, wie du ihn in den kleinen Dingen wertschätzen kannst? Versuchst du ständig, etwas Weltbewegendes oder Monumentales zu tun, um Intimität mit ihm zu entwickeln? So kannst du deine Beziehung nicht aufrechterhalten! Adam und Eva gingen mit Gott immer in der Kühle des Tages spazieren. Ich bin mir sicher, dass ihre Gespräche ungefähr so aussahen: »Vater, ich habe heute eine Blume entdeckt, die habe ich vorher wirklich noch nie gesehen. Die hast du ja vielleicht großartig gemacht!« Das ist Gebet. Es ist eine vertraute Gemeinschaft mit Gott. Lass dir die Gemeinschaft mit dem Herrn nicht entgehen, indem du zu viel angestrengten Wirbel um deine Beziehung zu ihm machst!

KAPITEL 6

Gott anbetteln

Und es geschah, als er an einem einsamen Ort war und betete, da sprach, als er aufhörte, einer seiner Jünger zu ihm: Herr, lehre uns beten, wie auch Johannes seine Jünger lehrte!
— Lukas 11,1

Obwohl Matthäus 6,9–13 üblicherweise als »Das Vaterunser« bezeichnet wird, kommt dieses Gebet in verkürzter Form noch einmal in Lukas 11,2–4 (LUT) vor:

Er aber sprach zu ihnen: Wenn ihr betet, so sprecht: Vater! Dein Name werde geheiligt. Dein Reich komme. Gib uns unser täglich Brot Tag für Tag und vergib uns unsre Sünden; denn auch wir vergeben jedem, der an uns schuldig wird. Und führe uns nicht in Versuchung.

In Vers 5–8 teilt Jesus uns anschließend ein Gleichnis mit, das gewöhnlich dazu verwendet wird, um über Gebet zu lehren. Meistens wird jedoch das genaue Gegenteil von dem gelehrt, was der Herr eigentlich gemeint hat!

Und er sprach zu ihnen: Wer unter euch hat einen Freund und ginge zu ihm um Mitternacht und spräche zu ihm: Lieber Freund, leih mir drei Brote; denn mein Freund ist zu mir gekommen auf der Reise, und ich habe nichts, was ich ihm vorsetzen kann, und der drinnen würde antworten und sprechen: Mach mir keine Unruhe! Die Tür ist schon zugeschlossen und meine Kinder und ich liegen schon zu Bett; ich kann nicht aufstehen und dir etwas geben. Ich sage euch: Und wenn er schon nicht aufsteht und ihm etwas gibt, weil er sein Freund ist, so wird er doch wegen seines unverschämten Drängens aufstehen und ihm geben, so viel er bedarf.

Im Allgemeinen wird diese Passage so ausgelegt, dass Gott wie dieser »Freund« sei. Wenn du eine Not hast, musst du zu ihm gehen, aber auf deine erste Bitte wird er vielleicht mit »Nein!« oder »Ich bin nicht bereit dazu« antworten. Deshalb musst du Gott »auf die Pelle rücken«, ihn bedrängen und dein Anliegen beharrlich immer und immer wieder beten, bis du ihn schließlich dazu bringst, dir zu geben, was du brauchst. Manchmal spricht man in diesem Zusammenhang auch von »Aufdringlichkeit im Gebet«. Im Grunde muss man demnach die Himmelstore so lange »bombardieren«, bis sie sich öffnen.

Eine andere Verdrehung desselben Gedankens lehrt: »Wenn du alleine betest, erhört Gott dein Gebet nicht. Du musst andere Menschen einbeziehen. Wenn man dann zusammen mit hundert Millionen anderen Gläubigen den Himmel mit der Bitte um Erweckung »bombardiert«, wird Gott sich am Ende geschlagen geben und antworten!« Auch wenn viele Christen dies tatsächlich glauben, ist es nicht das, was mit diesem Gleichnis ausgesagt wird.

Ein Gegensatz, kein Vergleich

Jesus stellt hier einen Gegensatz und keinen Vergleich her. Hast du solche »Freunde«? Würden sie dich abweisen, weil es unbequem ist, wenn du um Mitternacht zu ihnen gingest und in einer dringenden Not um Hilfe bätest? Würden sie dir vom Fenster aus zurufen: »Ich bin schon im Bett. Meine Frau und meine Kinder schlafen. Geh weg und lass mich in Ruhe!« Das sind keine Freunde! Freunde behandeln einander nicht so gleichgültig. Bekannte machen so etwas vielleicht, aber nicht Freunde.

Der Herr benutzt dieses praktische Beispiel, um aufzuzeigen, wie abwegig die Annahme ist, man müsse Gott bedrängen, anbetteln und anflehen, unseren Nöte zu begegnen, wenn uns doch schon ein Freund besser behandelt. Warum sollte dein himmlischer Vater, der seinen Sohn gesandt hat, um deine Sünden auf sich zu nehmen, und der dich unendlich mehr liebt, als irgendjemand sonst es könnte, dich schlechter behandeln, als ein selbstsüchtiges menschliches Wesen dich behandeln würde?

Du würdest von keinem Menschen erwarten, dass er dich so schlecht behandelt! Selbst wenn die betreffende Person dir dein Anliegen nicht aus Freundschaft gewährte, so würde sie es wenigstens tun, um dich spät abends loszuwerden. Du hast mehr Glauben daran, dass Menschen dich gut behandeln, als daran, dass der Herr es tut. Dieses Gleichnis sagt lediglich aus, dass Gott dich nie so schlecht behandeln würde (siehe Lk 11,9–13). Dieses Gleichnis beschreibt einen Gegensatz!

Ich wende diese Logik ständig an. Mehrere Monate lang dienten Don Krow und ich fast täglich einem Mann, der auf dem Sterbebett lag. Dieser Bruder hatte Schwierigkeiten zu glauben, dass Gott ihn heilen würde. Seine mitfühlende Frau betete und weinte ständig seinetwegen. Eines Tages fragte ich ihn dann einfach: »Wenn deine Frau in der Lage wäre, dich zu heilen, meinst du, sie würde dir die Heilung vorenthalten, nur weil du deine Bibel nicht gelesen hast oder nicht der Mann gewesen bist, der du hättest sein sollen? Meinst du, dass irgendetwas, das du in deinem Leben nicht richtig gemacht hast, sie dazu veranlassen würde, dich einfach sterben zu lassen?«

Gekränkt antwortete er: »Auf keinen Fall! Sie würde alles tun, ja sogar für mich sterben, wenn sie könnte!«

»Und du denkst, der allmächtige Gott liebt dich weniger, als deine Frau es tut!«

Dieser Bruder hatte mehr Glauben an die Liebe seiner Frau als an die Liebe Gottes. Das ist genau die Haltung, die Jesus durch dieses Gleichnis in Frage stellt.

Gott beleidigen

Gott ist nicht wie dieser »Freund«, den man bedrängen muss. Vielen Christen hat man gesagt: »Du musst Gott packen und festhalten und solange nicht wieder loslassen, bis er dir gibt, worum du ihn bittest!« Nein! Das entspricht nicht dem Charakter Gottes. Das ist eine Beleidigung für ihn! Doch eben diese Haltung ist in großem Umfang als »Gebet« gelehrt und praktiziert worden. »Du musst nur an Gott dranbleiben und ihn dazu zwingen, es zu tun.« Du wirst Gott zu gar nichts zwingen!

Wenn Gott deiner Not nicht bereits aus Gnade begegnet ist, kann dein Glaube ihn auch nicht dazu veranlassen. Im Gegensatz zur verbreiteten Ansicht wird Gott durch Glauben nicht zum Handeln »bewegt«. Er ist nicht derjenige, der feststeckt, und muss sich auch nicht »bewegen«. Gott hat bereits alles getan! Du kannst den Herrn nie mit einer Not überraschen, denn er hat schon lange, bevor du sie je gehabt hast, Vorsorge dafür getroffen. Er muss nicht erst noch etwas tun, um für eine Lösung deines Problems zu sorgen. Und genau deswegen – weil er seinen Teil schon erfüllt hat – musst du auch nicht betteln und flehen.

Gott hat es bereits getan! Er sitzt nicht mit verschränkten Armen oben im Himmel und fordert: »Bitte mich noch ein bisschen inständiger, du meinst es noch nicht ernst. Wenn du genügend gelitten hast, werde ich dir antworten … vielleicht!« Das mag deine Wahrnehmung sein, aber so ist Gott nicht. Er versucht, seine Segnungen zu dir zu bringen!

Wenn Gott deiner Not nicht bereits aus Gnade begegnet ist, kann dein Glaube ihn auch nicht dazu veranlassen.

Wenn der Herr nicht unser Mitwirken bräuchte, damit sich seine Kraft manifestieren kann, gäbe es heute überhaupt keine Krankheit mehr auf der Welt. Niemand müsste eine Brille tragen, Allergien haben oder auch nur an einem Schnupfen leiden. Gott ist so sehr bereit, all unseren Nöten zu begegnen, dass er es bereits getan hat. Nun versucht er nur noch, seine Heilung zu dir zu bringen. Er versucht, auch noch den letzten von uns zu segnen!

Gott will Erweckung mehr als du! Du musst ihn nicht anflehen, seine Macht auszugießen. Was man uns als »Bittgebet« beigebracht hat, ist absolut falsch.

»Lasst uns für Erweckung beten. Wir müssen Gott bitten, seinen Geist auszugießen!« Bist du dir im Klaren darüber, was das aussagt? Es unterstellt, dass Gott für den leblosen Zustand der Kirche verantwortlich sei. Wenn er wollte, könnte er einfach seinen Geist ausgießen und Wunder würden geschehen. Menschen würden wiederbelebt und die Kirchen sich füllen, die Regierung würde sich bessern und der Kreislauf der Zerstörung würde durchbrochen. »Gott braucht doch bloß seinen kleinen Finger zu rühren!« Falsch!

Nicht aufgebracht!

Gott hält nichts zurück! Er sagt nicht: »Ich werde Amerika nicht segnen, weil ihr als Nation nicht getan habt, was ich wollte. Ihr habt das Gebet aus den Schulen und die Zehn Gebote aus den Verwaltungsgebäuden entfernt – seht mal zu, ob ich mich bewege!« Gott ist so nicht! Er tut sein Möglichstes, um unser Land zu segnen. Wir müssen ihn nicht anbetteln, um ihn zu motivieren; er ist bereits motiviert. »Aber wir müssen beten und Gott ersuchen, seinen Geist auszugießen!« Das ist Verleumdung, denn das hat er schon getan (Apg 2,1–4). »Gott rührt sich nicht, weil er wegen unserer Sünde über uns aufgebracht ist. Wir müssen ihn um Gnade anflehen!« Falsch! Jesus liebt uns und ist nicht aufgebracht!

Früher predigte ich immer: »Wenn Gott Amerika nicht richtet, dann muss er sich bei Sodom und Gomorra entschuldigen!« Heute erkläre ich mutig: »Wenn Gott Amerika richtet, dann muss er sich bei Jesus entschuldigen!« Die Zerstörung von Sodom und Gomorra fand zeitlich vor dem Kreuz statt, aber seitdem hat Christus Wiedergutmachung für die Sünde geleistet. Zwischen damals und heute liegt ein gewaltiger Unterschied. Gott steht nicht im Begriff, diese Nation zu richten.

Wir müssen umkehren und uns von unseren selbstzerstörerischen Wegen abwenden, aber wir müssen Gott nicht anflehen, seinen Geist erneut auszugießen.

»Wenn Gott uns nicht richten wird, bedeutet das dann, dass wir sicher, geschützt und frei von Problemen sind?« Nein, indem wir dem Teufel Platz einräumen, richten wir uns selbst zugrunde! Falls Amerika nicht von diesem Irrweg umkehrt, steht uns noch weitaus Schlimmeres bevor. Doch nicht Gott verursacht diese Tragödie, indem er uns verlässt oder uns seinen Heiligen Geist vorenthält. *Wir* haben ihm den Rücken zugekehrt. Ja, wir müssen umkehren und uns von unseren selbstzerstörerischen Wegen abwenden, aber wir müssen Gott nicht anflehen, seinen Geist erneut auszugießen. Erkennst du den Unterschied?

KAPITEL 7

»Lass dich gereuen, Gott!«

Die meisten Christen glauben, dass das Einzige, was Altes und Neues Testament voneinander trennt, eine leere Seite in der Bibel sei. Sie verstehen nicht, dass die Einsetzung des neuen Bundes einen gewaltigen Unterschied in der Wirkungsweise aller Dinge im Reich Gottes nach sich zog, Gebet eingeschlossen!

In 1. Mose 18 besuchte Gott Abraham und versprach ihm einige gewaltige Segnungen. Danach erklärte er ihm, dass er beabsichtige, Sodom und Gomorra zu zerstören. Gott sandte die beiden Engel, die ihn begleiteten, dorthin, um die Lage auszukundschaften. Sodom und Gomorra standen kurz vor dem Gericht.

Doch Abraham, vor dem Herrn stehend, »trat hinzu und sagte: Willst du wirklich den Gerechten mit dem Ungerechten wegraffen? Vielleicht gibt es fünfzig Gerechte innerhalb der Stadt. Willst du sie denn wegraffen und dem Ort nicht vergeben wegen der fünfzig Gerechten, die darin sind? Fern sei es von dir, so etwas zu tun, den Gerechten mit dem Ungerechten zu töten, sodass der Ungerechte wäre wie der Gerechte; fern sei es von dir! Sollte der Richter der ganzen Erde nicht Recht üben?« (1Mo 18,23–25).

Es war ganz schön mutig von Abraham, so mit Gott zu sprechen! »Bist du nicht besser als das? Besitzt du nicht mehr Integrität? Würdest du wirklich etwas so Böses tun? Das wäre einfach nicht richtig!« Für uns allerdings ist es auf keinen Fall ein guter Weg, so zu beten.

Ein anderer Bund

Abraham kam damit durch, weil er unter einem anderen Bund lebte. Jesus hatte die Menschheit noch nicht mit Gott versöhnt. Für einen Gläubigen unter dem neuen Bund ist es jedoch falsch, Gott in dieser Weise anzuflehen. Unter dem alten Bund war Gott über Sünde zornig, deshalb war es für Abraham in Ordnung, so zu handeln. Aber es ist einfach nicht legitim, dieses Beispiel aus dem Alten Testament auf unsere heutige Situation anzuwenden und zu sagen: »Gott ist wütend! Wenn unser Land nicht umkehrt, wird er uns richten!« Ja, Gott hat Sodom und Gomorra gerichtet, aber er wird heute keinesfalls genauso handeln.

Viele Stimmen bezeichneten die Terroranschläge vom 11. September 2001 als »Gottes Gericht über Amerika« für die vielen Sünden unserer Nation. »Gott hat uns eine Warnung erteilt. Wenn wir nicht umkehren, dann wird er schreckliche Dinge auf breiter Front tun!« Nein, das wird er nicht.

Zur Zeit von Sodom und Gomorra war der Zorn des Herrn auf die Sünde noch nicht gestillt. Deshalb richtete und bestrafte Gott die Menschen im Alten Testament. Jesus aber hat eine gewaltige Veränderung bewirkt! Jetzt leben wir unter dem neuen Bund, und Gottes Zorn über die Sünde ist besänftigt.

»Lass ab von der Glut deines Zornes!«

Abraham handelte als Vermittler. Vermittler stehen zwischen zwei gegnerischen Parteien, die zornig aufeinander sind und Meinungsverschiedenheiten haben. Sie versuchen, die Kontrahenten in Frieden miteinander zu versöhnen. Gott ist heilig, der Mensch aber unheilig. Deshalb musste der Gerechtigkeit Gottes genüge getan werden. Unter dem alten Bund war es für Gott richtig, seinem Zorn Ausdruck zu verleihen. Um Erbarmen zeigen zu können, brauchte er »Fürbitter« wie Abraham, die beteten: »Lass ab von der Glut deines Zornes, Herr!«

Es ist erstaunlich, dass der allmächtige Gott eine solche Bitte überhaupt in Betracht zog, aber der Herr liebte diesen Mann Abraham und hatte einen Bund mit ihm. Gott segnete und ehrte Abraham nicht etwa deshalb, weil der es verdiente. Zweimal ließ Abraham es bereitwillig zu, dass ein Mann seine Frau nahm und beinahe Ehebruch mit ihr beging, nur um die eigene Haut zu retten. Hätte er so etwas heutzutage getan, würden wir ihn für einen miesen Kerl halten. Gott hatte Abraham sein Wort gegeben und stand dazu, obwohl dieser schwerwiegende Fehler machte!

Abraham fragte: »Herr, wenn du fünfzig Gerechte in Sodom und Gomorra findest, würdest du dann immer noch die ganze Stadt zerstören?«

Gott antwortete: »Nein! Wenn es dort fünfzig Gerechte gibt, werde ich es nicht tun.«

»Wie sieht es mit vierzig, … dreißig, … zwanzig aus?«

»Wenn es dort zwanzig Gerechte gibt, werde ich es nicht tun.«

Gott hatte Abraham sein Wort gegeben und stand dazu, obwohl dieser schwerwiegende Fehler machte!

»Und wie sieht es mit zehn aus?« Abraham handelte Gott schließlich auf zehn runter und hörte dann auf. Es stellte sich jedoch heraus, dass Lot der einzige Gerechte war, der in ganz Sodom und Gomorra lebte. Deshalb führte Gott sein Vorhaben aus und vernichtete alle Menschen – mit Ausnahme von Lot und seiner engsten Familie. Doch im Verlauf dieses Geschehens hatte er übernatürlich auf Abrahams Fürbitte reagiert!

»Geh mir aus dem Weg«

In 2. Mose 32,9–14 verhielt Mose sich genauso. Zornig erklärte Gott: »Und nun lass mich, dass mein Zorn gegen sie entbrenne und ich sie vernichte, dich aber will ich zu einer großen Nation machen« (Vers 10). Im Grunde genommen sagte Gott: »Geh mir aus dem Weg, Mose! Lass mich in Ruhe, damit ich dieses ganze Volk vernichten kann. Ich fange noch einmal von vorne an und werde dich dazu benutzen, eine völlig neue Nation zu schaffen!«

Hier tun sich einige gewaltige Dinge auf! Gott befahl Mose: »Lass mich in Ruhe, damit ich tun kann, was ich will.« Indirekt räumte der Herr damit ein: »Mose, du hast Macht über mich. Wenn du um Erbarmen flehst, wirst du mich davon abhalten, mein Zorngericht zu verhängen!«

> *Mose jedoch flehte den HERRN, seinen Gott, an und sagte: Wozu, HERR, entbrennt dein Zorn gegen dein Volk, das du mit großer Kraft und starker Hand aus dem Land Ägypten herausgeführt hast? Wozu sollen die Ägypter sagen: In böser Absicht hat er sie herausgeführt, um sie im Gebirge umzubringen und sie von der Fläche des Erdbodens zu vertilgen? Lass ab von der Glut deines Zornes und lass dich das Unheil gereuen, das du über dein Volk bringen willst!*
> *— 2. Mose 32,11–12*

Und Gott bereute!

Mose forderte Gott auf: »Lass dich gereuen!« Er hatte echt Nerven! Aber weißt du, was noch erstaunlicher ist? »Da gereute den HERRN das Unheil, von dem er gesagt hatte, er werde es seinem Volk antun« (2Mo 32,14). Ein bloßer Mensch sagte: »Gott, bereue! Ist dir nicht klar, dass die Ägypter hören werden, was passiert ist, und dann sagen werden: ›Gott war zwar fähig, sie aus Ägypten zu befreien, aber er konnte sie nicht ins Gelobte Land bringen. Er ist einfach zu schwach!‹ Das wird kein gutes Licht auf deinen Namen werfen. Bereue, Gott!« Und Gott bereute!

Heutzutage behaupten »Fürbitter«: »Genau das tun wir! Wir beten: ›O Gott, lass ab von der Glut deines Zorns! Bereue! Verhänge dein Gericht nicht über unser Land!‹« Sie lehren, dass Gott von der Sünde in unserem Leben genug habe und darauf warte, unsere Nation zu richten. Sie glauben, dass der Herr niemanden heilen werde, wenn diejenigen nicht im Staub angekrochen kämen und bereuten oder ein »Fürbitter« um Gnade flehte. Im Grunde sagen sie, du müssest dich Gott nähern wie dem mürrischen, verschlafenen »Freund« in Lukas 11,5–8, der sich belästigt fühlt und dir nur widerwillig mit drei Broten für deinen nächtlichen Gast aushilft. So, als würde Gott sagen: »Fall mir nicht zur Last. Ich habe die Nase voll von dir. Du hast mich nicht gesucht, also verdienst du, was du bekommst!« Weil Gott nach dieser Vorstellung nicht geneigt ist zu antworten, musst du ihn deshalb anbetteln, anflehen und bedrängen, bis er seinen Geist ausgießt. Das ist eine gänzlich falsche Haltung für Gebet!

Bis zu einem gewissen Grad ist jeder von uns durch diese irrige Sichtweise beeinflusst worden. Wenn wir mit einer Haltung beten, die dem Herrn gegenüber feindlich, fordernd und selbstgerecht ist, stellt das eine schwere Beleidigung für ihn dar. Warum? Weil du

Christus nicht vertraust und nicht an das glaubst, was er bereits getan hat!

Wenn wir mit einer Haltung beten, die dem Herrn gegenüber feindlich, fordernd und selbstgerecht ist, stellt das eine schwere Beleidigung für ihn dar.

Gericht über Rebellion

Korach, Datan und Abiram stellten Moses Autorität öffentlich in Frage. Schließlich rief Mose im Zorn aus: »Falls diese Menschen eines natürlichen Todes sterben, wisst ihr, dass Gott mich nicht gesandt hat. Wenn aber etwas noch nie Dagewesenes geschieht und die Erde sich öffnet und sie lebendig in den Scheol hinabfahren, sie und alles, was ihnen gehört, dann werdet ihr wissen, dass ich ein wahrer Mann Gottes bin« (siehe 4Mo 16,28–30). Was für ein unerbittlicher Test!

Augenblicklich öffnete sich die Erde und verschlang Korach, Datan und Abiram sowie alle, die ihnen folgten, ihre Familien und ihren gesamten Besitz eingeschlossen. Dann schloss sich die Erde wieder über ihnen. Der Rest der Anwesenden floh in blankem Entsetzen!

Doch schon am nächsten Tag versammelten sich alle Israeliten. Weil sie wütend auf Mose waren, klagten sie ihn an und behaupteten: »Du hast Gottes Volk getötet!« Als sie Mose kritisierten, erschien über dem Zelt der Begegnung die Herrlichkeit Gottes in einer Wolke. Mose sah es und informierte Aaron: »Gott ist aufgebracht!« Wieder wies Gott Mose an: »Geh mir aus dem Weg, damit ich diese Gemeinde vernichten kann« (siehe 4Mo 17,6–10).

Mose befahl Aaron, ein Feuerbecken zu nehmen, Feuer vom Altar darauf zu geben und Räucherwerk aufzulegen (Räucherwerk versinnbildlicht das süßlich riechende Aroma von Gebet, das vor dem Herrn aufsteigt). »Lauf mitten in die Versammlung hinein und steh zwischen den Lebenden und den Toten. Dann wird die Plage aufhören!« Als Aaron in die Menge lief und die Toten passierte, stand er schließlich genau vor der Plage. Als sie sich auf das Feuerbecken zubewegte, das Aaron hielt, kam die Plage zum Stillstand, Gottes Zorn war besänftigt und der Rest der Israeliten wurde verschont (siehe 4Mo 17,11–15).

Ich habe tatsächlich schon gehört, wie Menschen genau diese Bibelstelle benutzten, um zu predigen: »Gottes Zorn ist ausgegossen und die Zerstörung hat begonnen. Wenn wir wie Mose und Aaron als Fürbitter auftreten und beten: ›Lass ab von der Glut deines Zornes‹, können wir Gott davon abhalten, sein Gericht zu verhängen, und bewahren diese Nation!« Im Grunde genommen ist es das, was über »Gebet« gelehrt und als solches bezeichnet wird. Das ist absolut falsch!

KAPITEL 8

Jesus: Der einzige Mittler

Wenn du 1. Timotheus 2,1–5 verstehst, wird das die Art und Weise, wie du betest, verändern. Achte auf den Anfang dieser Passage, hier ist offensichtlich von Gebet die Rede:

> *Ich ermahne nun vor allen Dingen, dass Flehen, Gebete, Fürbitten, Danksagungen getan werden für alle Menschen, für Könige und alle, die in Hoheit sind, damit wir ein ruhiges und stilles Leben führen mögen in aller Gottseligkeit und Ehrbarkeit. Dies ist gut und angenehm vor unserm Retter-Gott, welcher will, dass alle Menschen gerettet werden und zur Erkenntnis der Wahrheit kommen. Denn einer ist Gott, und* ***einer*** *ist Mittler zwischen Gott und Menschen, der Mensch Christus Jesus.*

Im neuen Bund ist Jesus der einzige Mittler oder Vermittler, der zwischen Gott, dem Vater, und der Menschheit steht. Sünde stellt für Gott kein Problem mehr dar, weil sie bereits gesühnt wurde. Gott ist nicht zornig. Er steht nicht im Begriff, unser Land zu zerstören, wie er es mit Sodom und Gomorra gemacht hat. Abraham trat fürbittend dafür ein, dass Gott die Stadt verschonen möge, und handelte ihn bis auf zehn Gerechte herunter. Denkst du nicht, dass Jesus das mindestens genauso gut gemacht hat? Meinst du nicht, dass Jesus bei Gott wenigstens gleichermaßen gut Fürbitte tun und mit ihm verhandeln konnte wie Abraham? Wenn Abraham Gott dazu bringen konnte, Sodom und Gomorra wegen lediglich zehn Gerechten zu verschonen, dann ist Gott erst recht durch seinen Sohn vollkommen besänftigt worden. Jesus Christus ist jetzt der *einzige* Mittler zwischen Gott und dem Menschen!

Für Mose war es angemessen, so zu beten, weil Jesus noch nicht gekommen und Gottes Zorn noch nicht besänftigt worden war. Sünde musste folglich verurteilt und bestraft werden. Danach trug Christus jedoch das Strafgericht für *alle* Sünde, und zwar nicht nur für die vergangenen Sünden seiner damaligen Zeit und davor, sondern auch für unsere heutigen. Er hat nicht nur das Strafgericht für unsere vergangenen und gegenwärtigen, sondern auch jenes für unsere zukünftigen Sünden auf sich genommen! Jesus ertrug den Zorn Gottes für alle Sünde und wurde anstelle von uns vom Vater abgeschnitten. Jetzt ist er der einzige Vermittler zwischen Gott und uns. *Wenn du heute versuchst, ein Mittler wie Abraham oder Mose zu sein, dann bist du ein Anti-Christ: gegen Christus, gegen sein vollbrachtes Werk, und bemüht, seinen Platz einzunehmen!*

Wenn du betest: »O Gott, bitte hab Erbarmen. Gieße deinen Zorn nicht aus!«, dann hast du den Herrn einfach beiseite gestoßen und erklärt: »Jesus, ich weiß, dass du mit der Sünde fertiggeworden bist und uns erlöst hast. Das Wort sagt, dass du der einzige Mittler bist, aber ich denke, ich kann dir helfen. Mein Flehen und meine Fürbitte sind zusätzlich nötig, um die Dinge in Ordnung zu bringen!« Du unternimmst den Versuch, dem, was Jesus bereits getan hat, noch etwas hinzuzufügen! JESUS + ETWAS = NICHTS. JESUS + NICHTS = ALLES. Dein Bestreben, auf die gleiche Weise Fürbitte zu tun wie Abraham, Mose und andere im Alten Testament, bedeutet, dass du nicht schätzt, was Christus getan hat, weshalb du versuchst, selber ein Mittler zu werden.

»Was hast du mit Jesus gemacht?«

Die meisten Beispiele und Modelle für Gebet, die man uns an die Hand gegeben hat, insbesondere für »Fürbitte und geistliche Kampfführung«, greifen auf den alten Bund zurück. Es sind wunderbare Beispiele, doch nicht für uns heute! Gott hat nicht die Nase voll von uns und er hat noch nicht einmal schlechte Laune. Er ist glücklich und froh. Täglich wächst seine Familie und weitet sich sein Königreich aus! Gottes Zorn auf die Sünde ergoss sich über seinen Sohn. Gott ist nicht mehr zornig auf den Menschen, denn seiner Gerechtigkeit wurde durch das vollkommene Opfer des Lammes Genüge getan.

Sollten wir dann überhaupt noch predigen, wenn Gott nicht mehr zornig ist? Selbstverständlich! Gott hat die Vorkehrungen getroffen und alles verfügbar gemacht, aber jeder einzelne Mensch muss für sich selbst glauben und empfangen. Tut dies jemand nicht und nimmt Jesus nicht als seinen Retter an, dann bleiben der Zorn und das Strafgericht, das diese Menschen in die Hölle schicken wird, bestehen.

Gott ist nicht mehr zornig auf den Menschen, weil seiner Gerechtigkeit durch das vollkommene Opfer des Lammes Genüge getan wurde.

Gott hat die Hölle für den Teufel und seine Engel bereitet und nicht für den Menschen. Doch diejenigen, die sich freiwillig mit dem Teufel identifizieren und Errettung aus Gnade durch Glauben ablehnen (und stattdessen versuchen, sie selber zu erwirken), werden an dem Strafgericht für Satan teilhaben. Das hat Gott so nie beabsichtigt. Er will nicht, dass Menschen in die Hölle kommen, aber er ist gerecht. Sollte jemand Gottes Zahlung durch Christus nicht annehmen, wird er an diesen Ort gehen.

Das, was einen in die Hölle bringt, sind nicht irgendwelche einzelnen Sünden (wie homosexuelle Handlungen, Drogenkonsum, Trunkenheit usw.). Deine *Sünden* sind dir vergeben worden. Doch die *eine* Sünde, die dich in die Hölle bringt, ist die Weigerung, das Opfer anzunehmen, mit dem diese Einzelsünden getilgt wurden. Alles dreht sich darum, wie du auf Jesus reagiert.

Wenn du im Himmel ankommst, wird Gott dich nicht fragen: »Was war mit dieser oder jener Sünde?« Nein, dann wird er wissen wollen: »Was hast du mit Jesus gemacht?« Deine Beziehung zu Jesus Christus, ob du deine Knie gebeugt und ihn zu deinem Herrn gemacht hast oder nicht, bestimmt, ob du angenommen oder abgelehnt werden wirst. Zu jenem Zeitpunkt werden dann diejenigen, die Jesus abgewiesen haben, für ihre Sünden zur Verantwortung gezogen; denn sie haben Gottes Tilgung nicht angenommen. Sie werden gerichtet werden und dann für diese einzelnen Sünden Rechenschaft geben müssen. Doch es kommt wirklich nur darauf an: Was hast du mit Jesus gemacht?

Bittet, sucht, klopft an

Jesus hat für unsere Sünden bezahlt *und* Gottes Zorn befriedigt, doch die Kirche als Ganzes versteht das noch nicht. Viele Christen nehmen Gott immer noch so wahr, wie er im Alten Testament war: zornig. Sie denken, sie müssten Fürbitte leisten, um ihn davon abzuhalten, das zu tun, was er vermeintlich wirklich will, nämlich Menschen für ihre Sünden richten. Viele glauben, sie müssten Gott immer noch um sein Erbarmen anbetteln und anflehen. Das ist absolut falsch! Gottes Wort offenbart im Neuen Testament die Tiefe seiner Liebe und seiner Vergebung durch Christus.

Bei Gebet geht es nicht darum, Gott von seinem Zorn abzubringen. Es geht auch nicht darum, dass du wie dieser hartnäckige Mensch um Mitternacht vor dem Tor seines Freundes sein sollst, der sagt: »Ich weiß, dass du es mir nicht geben musst, aber ich gehe hier erst weg, wenn du mich gesegnet hast! Ich werde mich keinen Zentimeter von hier wegbewegen, bis du mir gibst, was ich will! Du hast gesagt, dass ich durch deine Striemen geheilt bin, deshalb lasse ich nicht ab, bis du mich geheilt hast!« Das bedeutet schlichtweg, dass du Christus nicht wertschätzt. Du hast noch nicht einmal den blassesten Schimmer davon, dass Gott für alles, was du brauchst, bereits Vorsorge getroffen hat – Heilung eingeschlossen. Er liebt dich und will, dass du alles hast!

Gott ist nicht wie dieser sogenannte Freund in Lukas 11,5–8. Jesus stellt hier einen Gegensatz her! Nachdem er das Gleichnis erzählt hat, kommt er direkt auf den Punkt.

> *Und ich sage euch: Bittet, und es wird euch gegeben werden; sucht, und ihr werdet finden; klopft an, und es wird euch geöffnet werden! Denn jeder Bittende empfängt, und der Suchende findet, und dem Anklopfenden wird geöffnet werden! — Lukas 11,9–10*

Wie viel mehr

Jesus führt diese Wahrheit dann noch weiter aus und wendet dieselbe Logik auf eine andere zwischenmenschliche Beziehung an.

Welcher Vater unter euch wird seinem Sohn einen Stein geben, wenn er ihn um Brot bittet? Oder wenn [er ihn] um einen Fisch [bittet], gibt er ihm statt des Fisches eine Schlange? Oder auch wenn er um ein Ei bittet, wird er ihm einen Skorpion geben? Wenn nun ihr, die ihr böse seid, euren Kindern gute Gaben zu geben versteht, wie viel mehr wird der Vater im Himmel [den] Heiligen Geist denen geben, die ihn bitten! — Lukas 11,11–13 SLT

Verstehst du, was Jesus hier sagt? »Wenn dein Sohn ein Stück Brot wollte, würdest du ihm einen Stein geben? Er würde sich beim Reinbeißen die Zähne ruinieren! Wenn deine Tochter um ein Ei bäte, würdest du ihr einen Skorpion geben? Wenn deine Kinder um einen Fisch bäten, würdest du ihnen als Antwort auf ihre Bitte eine giftige Schlange geben?« Natürlich nicht! Wenn es dir niemals in den Sinn käme, deine Kinder so grausam zu behandeln, warum glaubst du dann, dass Gott sich weigern oder auch nur zögern könnte, deiner Not zu begegnen? Ganz im Gegenteil! »Wenn nun ihr, die ihr böse seid, euren Kindern gute Gaben zu geben versteht, *wie viel mehr* wird der Vater im Himmel den Heiligen Geist denen geben, die ihn bitten!«

Die meisten Menschen denken, Gott habe etwas dagegen, ihre Bedürfnisse zu erfüllen. Deshalb betteln und flehen sie ihn im »Gebet« an. Sie glauben, er habe von ihrer Gottlosigkeit die Nase voll. In ihrer Fantasie sehen sie einen Gott, der die Arme verschränkt und sie mit den Worten abweist: »Von mir bekommst du gar nichts!« Also »beten« sie und setzen ihm hartnäckig zu; sie denken, irgendwann hätten sie ihn »erweicht« und dann müsse er ihnen antworten. Ihr Motto ist: »Lass so lange nicht ab, bis er dir gibt, was du willst!« Nein, Jesus lehrte das genaue Gegenteil! Menschen haben diese Verse verdreht und das dann »Aufdringlichkeit im Gebet« genannt. Was für eine miese Einstellung!

KAPITEL 9

Ein Trick des Teufels

Lukas 18,1–8 ist eine weitere Passage, die häufig benutzt wird, um »Aufdringlichkeit im Gebet« zu lehren.

> *Er sagte ihnen aber auch ein Gleichnis, um ihnen zu zeigen, dass es nötig ist, allezeit zu beten und nicht nachlässig zu werden; und er sprach: Es war ein Richter in einer Stadt, der Gott nicht fürchtete und sich vor keinem Menschen scheute. Es war aber eine Witwe in jener Stadt; die kam zu ihm und sprach: Schaffe mir Recht gegenüber meinem Widersacher! Und er wollte lange nicht; danach aber sprach er bei sich selbst: Wenn ich auch Gott nicht fürchte und mich vor keinem Menschen scheue, so will ich dennoch, weil mir diese Witwe Mühe macht, ihr Recht schaffen, damit sie nicht unaufhörlich kommt und mich plagt.* — Lukas 18,1–5 SLT

Menschen lehren: »Gott ist wie dieser ungerechte Richter, der beim ersten Mal nicht geneigt ist, auf dich zu reagieren. Diese Frau aber hat ihm beharrlich nachgestellt, bis er schließlich weich geworden ist und gesagt hat: ›Ich muss ihr geben, was sie will, sonst wird sie mich nicht in Ruhe lassen.‹« Das wird dann so interpretiert: »So ist der Herr. Du musst zu ihm hineingehen, die Hörner des Altars ergreifen und solange daran rütteln, bis er herauskommt. Du musst nur die Kraft Gottes in Gang setzen!« Das ist nicht die Aussage dieser Bibelstelle. Gott ist nicht wie der ungerechte Richter.

Hier ist von einem weiteren Gegensatz und nicht von einem Vergleich die Rede!

Ich persönlich habe nicht viel Respekt vor unserem Rechtswesen hier in den Vereinigten Staaten. In den letzten Jahren hat man gravierende Neuinterpretationen der Verfassung vorgenommen. Doch selbst diese Liberalen würden Menschen besser behandeln, als es in dem Gleichnis dargestellt wird. Ich kann mir einfach nicht vorstellen, dass in unserer heutigen Gesellschaft etwas derart Krankes geschieht, das außerhalb jeglicher Vernunft liegt!

Jesus benutzte ein widersinniges Beispiel, um sein Argument zu verdeutlichen. Obwohl man sich eine solche Ungerechtigkeit eigentlich nur schwer vorstellen kann, machte die Frau diesen Richter doch so mürbe, dass er ihr schließlich nachgab. Oder anders gesagt, von einem unvollkommenen Rechtssystem erwartet man bessere Dienste, als wir sie nach der Glaubensauffassung der meisten Menschen vom Herrn erhalten. Die meisten Menschen haben mehr Glauben daran, dass ein irdischer Richter sie gut behandelt, als dass Gott es tut. Dieses Gleichnis zeigt einen Gegensatz auf, der uns die Absurdität eines solchen Denkens vor Augen führt.

Anwalt oder Widersacher

> *Und der Herr sprach: Hört, was der ungerechte Richter sagt! Gott aber, wird er nicht seinen Auserwählten Recht schaffen, die Tag und Nacht zu ihm rufen, wenn er auch lange zuwartet mit ihnen? — Lukas 18,6–7 SLT*

Einige Menschen interpretieren diese Verse so, dass Gott dein Recht zwar ausführen wird, dich aber zuerst einmal lange hinhält. Sie behaupten: »Manchmal braucht er eben eine Weile. Du musst nur immer wieder bitten, dann wird er schließlich reagieren.« Wenn diese Bibelstelle so interpretiert werden müsste, dann würde die Aussage von Vers 8 (SLT) dazu führen, dass der ganze Abschnitt überhaupt keinen Sinn ergäbe!

Ich sage euch: Er wird ihnen schnell Recht schaffen! Doch wenn der Sohn des Menschen kommt, wird er auch den Glauben finden auf Erden?

Gott ist nicht wie der ungerechte Richter, der dich lange auf seine Reaktion warten lässt. Er schafft dir *schnell* Recht! Du musst Gott nicht anflehen und ihn immer wieder bitten. Nicht seine Bereitschaft oder Fähigkeit, zu geben, ist das Problem, sondern vielmehr unsere Fähigkeit, zu glauben und zu empfangen: »Wird er den Glauben finden auf Erden?«

Nicht seine Bereitschaft oder Fähigkeit, zu geben, ist das Problem, sondern vielmehr unsere Fähigkeit, zu glauben und zu empfangen.

Wenn du dich Gott wie einem Gegner näherst, der dein Gebet nicht beantworten will, dann näherst du dich ihm mit weniger Respekt, als du ihn deinen leiblichen Eltern entgegenbringst! Von deinen Eltern, deinen Freunden und von einem Richter erwartest du, dass sie dich besser behandeln, als du es von Gott erwartest.

Man hat uns weithin ein so schlechtes Bild von Gott präsentiert, dass wir denken, es sei sein Wille, dass Babys mit Behinderungen auf die Welt kommen. »Gott hat dir Krebs gegeben, um dich etwas zu lehren. Es war der Herr, der dieses Gebäude mitsamt all den

Menschen niederbrennen ließ, weil ihnen dieser Pornoladen gehört und er sie dafür gerichtet hat!«

Mit dieser verdrehten Sicht im Hinterkopf glauben viele Christen, dass sie zwischen Gott und ihrem Land stehen und ihn um Erbarmen anflehen müssten, damit er sie nicht richte. Millionen von Menschen haben sich zu »Gebetsketten« angemeldet, um Gott inständig zu bitten und den Platz einzunehmen, den Jesus schon innehat. Das hat mit Gott einfach nichts zu tun!

»Das kann nicht sein!«

Hast du diese Vorstellung und Haltung im Gebet? Wenn ja, dann näherst du dich Gott mit einer feindlichen, ungläubigen Haltung, verleumdest seinen Charakter, schätzt Christus nicht und glaubst, was Jesus getan hat, war nicht genug. »Jesus, ich weiß, dass du Fürbitte getan hast, doch nun mach mal Platz – jetzt bin ich dran!« Dann fragst du dich: »Warum funktionieren meine Gebete nicht?« Es ist ein Wunder, dass du noch kein Häuflein Asche bist! Der einzige Grund, warum Gott von dir noch nicht genug hat, ist der, dass Jesus so gute Arbeit geleistet hat.

Wir glauben den Lügen des Teufels und machen uns in unserer Ignoranz die verdrehten Ansichten der Religion zu eigen. Wir halten Gott für unseren Widersacher und versuchen, ihn zu nötigen, unsere Gebete zu beantworten. Wir bemühen uns, Gott zu überreden und ihn dazu zu bringen, Menschen zu heilen. Dabei bilden wir uns in unserer Eitelkeit ein, mitfühlender als der Heiler selbst zu sein!

Ich erinnere mich daran, dass ich während einer solchen Gebetsnacht, in der wir den Himmel bestürmten, schrie und mit Fäusten gegen die Wand schlug (zu der Zeit dachte ich, Gott sei schwerhörig, also war Lautstärke gefragt). Ich rief tatsächlich aus: »Gott, wenn du die Menschen hier in Arlington, Texas, nur halb so sehr liebtest wie ich, dann hätten wir hier Erweckung!« Doch sofort erfasste mein blitzschneller Verstand, dass mit meiner Theologie etwas ernsthaft nicht stimmte. Ich hielt schlagartig inne und sagte: »Das kann nicht sein!« Doch genau an diesem Punkt befinden sich heutzutage die meisten »Fürbitter«.

Fürbitter flehen den Herrn an und beten: »O Gott, bitte liebe diese Menschen doch so sehr wie ich es tue.« Du gebrauchst nicht dieselben Worte, aber genau das tust du. Du glaubst, Gott sei zornig und ließe die Menschen einfach sterben und in die Hölle kommen, wenn da nicht deine großartigen Gebete wären. Unabhängig von dir würde Gott niemanden heilen. Du denkst, dein Betteln veranlasse ihn, sich umzubesinnen und Barmherzigkeit zu üben. Nichts könnte weiter von der Wahrheit entfernt sein!

Gott liebt die Menschen unendlich mehr, als du das tust. Wenn du dich danach sehnst, dass dein Land wieder in die Spur kommt oder dass jemand errettet, geheilt und befreit wird, dann deswegen, weil Gott selbst dein Herz bereits berührt hat und du deshalb diesen Wunsch überhaupt hegst. Das liegt definitiv nicht in der menschlichen Natur! In der Natur des Menschen liegt es, egoistisch zu sein und sich ausschließlich um sich selbst zu kümmern. Wenn du Erbarmen hast und erleben willst, dass andere Menschen berührt werden, dann nur deshalb, weil Gott bei dir schon an der Arbeit ist. Er ist derjenige, der dir dieses Mitgefühl gegeben hat. Er hat dich aber nicht wachgerüttelt, damit du nun zu ihm kommst und ihn anflehst, doch so barmherzig wie du zu werden, sondern damit du, motiviert durch Liebe, nun selber Gottes Kraft freisetzt, indem du losziehst und etwas unternimmst.

Ich würde hier in Amerika gern den gleichen Hunger, die gleiche Sehnsucht und Leidenschaft für den Herrn sehen, wie ich sie schon in anderen Ländern erlebt habe. Es ist nicht so, dass Gott seinen Geist nicht auf Amerika ausgegossen hätte. Dass nichts geschieht, liegt vielmehr daran, dass Amerika so sehr mit all seinen DVDs, Fernsehgeräten, Videospielen, Einkaufszentren und Stränden beschäftigt ist. Unsere Nation gibt mehr für Unterhaltung, Sportgeräte und andere Freizeitartikel aus, als das gesamte Bruttosozialprodukt vieler Länder beträgt. Begierig nach allen erdenklichen materiellen Dingen, haben wir einfach keine Zeit mehr für Gott.

Gott hält seinen Geist nicht zurück. Er versucht, in den USA zu wirken. Es ist nur so, dass der Heilige Geist sich nicht unabhängig von Menschen bewegt. Gott hat gläubigen Menschen befohlen, loszuziehen und die Kranken zu heilen, die Aussätzigen zu reinigen, Tote aufzuerwecken und Dämonen auszutreiben. Statt das zu tun, was er uns befohlen hat, bitten wir Gott darum, zu tun, was er uns aufgetragen hat. Gott hat seine Kraft schon freigesetzt. Sie befindet sich in uns. Jetzt müssen wir sie auf andere übertragen.

Gott hat bereits dieselbe Kraft, die Jesus von den Toten auferweckt hat, in uns hineingelegt! Es ist nicht an der Zeit für ihn, seinen Geist auszugießen. Das hat der Herr schon getan, und er wohnt in jedem von neuem geborenen Gläubigen. Wir müssen nur damit anfangen, die Wahrheit zu sprechen und einander zu ermutigen, der Wahrheit entsprechend zu handeln!

Weck morgen jemanden von den Toten auf! Frag dann alle Augenzeugen: »Würdet ihr gern zu einer Konferenz kommen und lernen, das auch zu tun?« Dann hätten wir volle Säle! Du musst nicht dafür beten, dass Gott seine Kraft ausgießt. Er will, dass sie sich zeigt, zuerst aber musst du glauben, losziehen und handeln. Wenn du das tust, werden auch die Zeichen folgen!

Gott hat seine Kraft schon freigesetzt. Sie befindet sich in uns. Jetzt müssen wir sie auf andere übertragen.

Prüfe die Frucht sorgfältig!

Hinter vielem, was heute unter Christen als Lehre über »Gebet« kursiert, steckt Satan. Prüfe die Frucht sorgfältig! Du wirst in deine Gebetskammer getrieben, hast keine Wertschätzung für das, was der Herr getan hat, versuchst, seine Position einzunehmen, forderst ihn auf, von seinem Zorn abzulassen, den er gar nicht mehr hat, bettelst um den Heiligen Geist, der schon ausgegossen ist, und flehst Gott an, doch so barmherzig zu werden wie du. Bei all dem geschieht nur eines: Dein Verständnis und dein Eindruck von Gott gehen vor die Hunde.

Währenddessen setzen deine Familie, Kollegen und Nachbarn ihren Weg Richtung Hölle fort. Du solltest dort draußen bei ihnen sein, das Wort sprechen und es dadurch demonstrieren, dass du Heilung in ihre geschundenen Körper hinein befiehlst. Stattdessen hast du gar keine Zeit, mit ihnen zu reden, weil du so sehr damit beschäftigt bist, täglich eine Stunde oder länger in deiner Gebetskammer »Fürbitte zu leisten«. Welch ein fieser Trick des Teufels!

KAPITEL 10

Verlass deine »Gebetskammer«!

Zu mir sind buchstäblich schon Tausende von Menschen gekommen und haben gefragt: »Wie kommt es, dass XY nicht errettet ist? Ich bete jetzt schon seit über zwanzig Jahren für diese Person, aber Gott hat mein Gebet nicht erhört!« Was für eine traurige Einstellung! Wenn ich Gott wäre, dann würde ich dich dafür nur zu gern ohrfeigen! Du kannst keinen anderen Menschen durch deinen Glauben retten.

> *Sie aber sprachen: Glaube an den Herrn Jesus, und du wirst gerettet werden, du und dein Haus. — Apostelgeschichte 16,31*

Dieser Vers aus der Passage über den Kerkermeister in Philippi wird gemeinhin so gelehrt: »Fordere deine Verwandten – dein ganzes Haus – für die Errettung ein.« Du kannst die Errettung eines anderen Menschen nicht »einfordern«. Das ist nicht die Aussage dieses Verses. Er besagt vielmehr: »Glaube an den Herrn Jesus, und du wirst gerettet werden. Und dein Haus wird auch gerettet werden, wenn es glaubt. Es funktioniert bei jedem!«

Wenn man die Errettung eines anderen Menschen wirklich »(ein-)fordern« könnte, dann sollten wir aufhören, überhaupt noch etwas anderes zu lehren und uns lediglich darauf konzentrieren. Wir sollten dann Gemeinden aufbauen mit dem Ziel, alle unsere Verwandten »einzufordern«. Wenn die dann errettet wären, würden wir sie sofort dazu anleiten, auch alle ihre Verwandten »einzufordern«. Wenn das wahr wäre, dann könnten wir im Handumdrehen die ganze Welt »einfordern« und gewinnen! Das funktioniert so nicht, denn jeder Mensch muss für sich selbst persönlich an Christus glauben!

Denn ihr seid wiedergeboren nicht aus vergänglichem Samen, sondern aus unvergänglichem, durch das lebendige und bleibende Wort Gottes. — 1.Petrus 1,23

Bevor ein Mensch wiedergeboren werden kann, muss zuerst der Same des Wortes Gottes in sein Herz gepflanzt werden. Errettung kann einfach nicht empfangen werden, wenn nicht zuerst das Wort Eingang findet.

Jeder Mensch muss für sich selbst persönlich an Christus glauben!

Es gibt gegenwärtig mehr Gläubige, die sich ins »stille Kämmerlein« verkrochen haben, um Fürbitte zu leisten und die Errettung anderer »einzufordern«, als solche, die draußen im wirklichen Leben sind, um den Samen des Wortes Gottes in die Herzen einzupflanzen. Brüder und Schwestern, das sollte anders sein!

Kein Muster aus dem Neuen Testament

Jesus organisierte nie »Gebets-Krieger« und »Fürbitter«, so wie es heute üblich ist. Er sandte nie seine Jünger aus, um für eine Stadt

»Fürbitte zu tun und geistliche Kampfführung zu betreiben« und »den Boden vorzubereiten«. Tatsächlich sandte er sie voraus, damit sie sein Kommen ankündigten, denn es gab damals weder Radio noch Fernsehen, keine Zeitungen, kein Internet, keine Plakate usw. Diese Jünger verbreiteten das Wort über seine Wunder, doch setzte Jesus nie »Gebets-Krieger« oder »Fürbitter« ein. Für diese Dinge gibt es im Neuen Testament einfach kein biblisches Muster.

Auch Paulus hatte nie »Fürbitter«! Zwar bat er seine Freunde, für ihn zu beten, doch organisierte er nie »Gebets-Krieger«, die »seine Hände stützen« sollten. Dauernd wollen Menschen von mir wissen: »Wer sind deine Fürbitter?« Ehrlich gesagt, ich weiß es nicht! Ich bin mir sicher, dass viele Partner meines Dienstes und viele Freunde für mich beten (und ich schätze das sehr), doch habe ich keine »Fürbitter« in dem Sinne, wie es heute allgemein verstanden wird. Niemand in der Bibel, der die Welt verändert hat, verfügte jemals über bezahlte »Gebets-Krieger«. Das ist etwas Neues in unserer heutigen Zeit – und es ist einfach blödsinnig!

Hinter all dem steckt die Logik, dass es dämonische Mächte gebe, die bestimmte Gebiete gefangen hielten. Bevor man dorthin gehe und das Evangelium predige, müsse zunächst der »Starke« gebunden und seine Kraft gebrochen werden. Obwohl das »geistlich« klingt, machte Jesus das nicht so, und auch Paulus nicht. Streite ich jetzt die Tatsache ab, dass in der heutigen Welt dämonische Kräfte am Werk sind? Nein! Ich habe erlebt, dass Dämonen aus Menschen ausgefahren sind. Ich bin mir auch sehr wohl bewusst, dass es über Städten dämonische Mächte gibt.

Dämonen sind sogar in Gottesdiensten anwesend! Einige Menschen sagen vielleicht: »Dort sollten sie aber nicht sein. Mach das Blut geltend und halte sie damit draußen!« Das geht nicht! Satan besuchte selbst das letzte Abendmahl Jesu. Nachdem der Herr das Brot eingetunkt und es Judas gereicht hatte, fuhr der Teufel in diesen Jünger. Wenn Christus Satan nicht von seinem Tisch fernhalten konnte, was lässt dich dann glauben, du könntest es?

Halb abergläubisch

Einmal besuchte ich eine Gemeinde, die über sämtlichen Türen, Fenstern und Schwellen aggressiv »das Blut geltend machte«. Der Prediger verkündigte: »Damit der Teufel diese Versammlung besuchen könnte, müsste er ein ›erretteter‹ Teufel sein.« Warum? »Er müsste bei seinem Eintritt das Blut durchqueren!« Nur Christen können auf so etwas hereinfallen, Ungläubige würden das sicher nicht tun. Man muss schon halb abergläubisch sein, um an so einige befremdliche Dinge zu glauben, die heute in Gemeinden vorgehen!

Wenn man »das Blut geltend machen« und damit Dämonen von Gottesdiensten fernhalten könnte, dann wären unsere Kirchengebäude leer. Das Wort Gottes unterscheidet nicht zwischen »bedrückt« und »besessen«. Das entsprechende griechische Wort bedeutet einfach »dämonisiert«. Wenn du depressiv bist, dann bist du »dämonisiert«. Satan spielt dir übel mit. Auch viele Krankheiten sind dämonisch. Die meisten Gläubigen sind von bösen Geistern umgeben, die sie ständig belästigen und plagen. Wenn all diese Dämonen wirklich gebunden und von den Gottesdiensten ferngehalten würden, wäre dort kein Mensch mehr. Es ist einfach nicht machbar!

Wenn es wirklich möglich wäre, böse Geister von Gottesdiensten fernzuhalten, dann sollten wir alle Christen in unserer Stadt zu einem großen Treffen versammeln. Wir könnten unseren gemeinsamen Glauben einsetzen, um unsere geistliche Reichweite zu vergrößern, und alle Dämonen im Umkreis von zehn Kilometern binden. Dann könnten wir losziehen und dieses Gebiet in einer Blitzaktion evangelisieren, damit alle Menschen dort wiedergeboren und mit dem Heiligen Geist erfüllt würden. Diese Neubekehrten würden sich dann im Glauben mit uns eins machen, um alle Dämonen in der übrigen Stadt zu binden. Wenn erst einmal die ganze Stadt errettet wäre, könnten wir dann die Dämonen in unserem Bundesland und schließlich in unserer gesamten Nation binden!

Doch so funktioniert das einfach nicht! Du kannst nicht jemanden »einfordern« und ihn dann gegen seinen Willen durch Gebet dazu nötigen, wiedergeboren zu werden. Genauso wenig kannst du einen Menschen gegen seinen Willen von einem Dämon befreien. Genau das ist jedoch allgemein als »Gebet« gelehrt worden. »Fordere die Errettung von XY ein und binde die Dämonen über diesem und jenem.« Und während wir das tun, geht die Verkündigung des Wortes völlig unter!

Mit Diana fertig werden

Wir verstehen nicht, dass Gottes Wort zu einem Menschen kommen und in ihn hineingelangen muss, damit sein Leben verändert wird. Wir denken, unser Gebet veranlasse Menschen dazu, Errettung zu empfangen. Wenn sie nicht reagieren, wundern wir uns: »Warum hat Gott sie nicht errettet? Ich habe doch gebetet!« Ach was! Hast du jemals in Erwägung gezogen, dass der betreffende Mensch vielleicht gar nicht errettet werden möchte? Vielleicht genießt er seine Sünde in vollen Zügen oder vielleicht unterliegt er einer dämonischen Täuschung und hält das Christsein für eine schlechte Sache. Hast du diesem Menschen jemals die Wahrheit gesagt und bist seinem Unglauben entgegengetreten? Wir stellen die Aufgabe, den Menschen die Wahrheit des Wortes Gottes zu verkündigen, nicht in den Vordergrund. Stattdessen verhalten wir uns eher nach dem Motto: »Lasst uns alle für eine Ausgießung des Heiligen Geistes beten, damit wir nicht mehr Zeugnis geben müssen. Dann müssen wir auch nicht mehr losgehen und riskieren, eine Abfuhr erteilt zu bekommen. Bitten wir doch einfach den Herrn, das zu tun, was er uns zu tun aufgetragen hat!«

Nicht Gott hat die Gemeinde Jesu zu der Vorstellung verleitet, hundert Millionen »Fürbitter« müssten ihn anbetteln, seinen Heiligen Geist auszugießen. Zehn Gläubige draußen im richtigen Leben, die dort die Werke des Dienstes tun – indem sie Tote auferwecken, Kranke heilen und die Wahrheit des Wortes aussprechen –, würden mehr erreichen als all die Menschen, die Gott anflehen, das zu tun, was er bereits getan hat!

Colorado Springs, die Heimat unseres Dienstes, ist ein Zentrum vieler Aktivitäten im Bereich der »Fürbitte und geistlichen Kampfführung«. Ich erinnere mich, von einem Ereignis gehört zu haben, bei dem eine internationale Gruppe von annähernd 20.000 Fürbittern im Amphitheater von Ephesus zusammenkam, um ein dämonisches Wesen namens Diana zu »binden«. Sie glaubten, dass dies der Geist sei, der die Moslems in Knechtschaft halte, weshalb sie Unsummen von Geld ausgaben, um in die Türkei zu reisen. Das ausdrückliche Ziel ihres dortigen Aufenthaltes war, Diana von Ephesus »zu stürzen«, dadurch ihre »Herrschaft« zu beenden und so für viele Moslems den Weg zu bahnen, zu Jesus zu finden.

Zu der Zeit, als Paulus sich um diese »Diana«-Angelegenheit kümmerte, kamen regelmäßig Menschenmassen dorthin, um ihr Standbild (dem man nachsagte, es sei vom Jupiter herabgefallen) im Tempel von Ephesus anzubeten. Paulus befahl den damaligen Jüngern nie, gegen Diana zu beten, er leitete nie einen Lobpreis-Gottesdienst, um sie zu binden, und betrieb auch nie »geistliche Kampfführung« oder machte eine »geistliche kartographische

Erfassung«. Die Christen von damals befassten sich nicht mit der Geschichte von Ephesus, um anschließend Buße zu tun und sich für all die verschiedenen Sünden zu entschuldigen, damit Gott endlich Maßnahmen ergreifen könnte.

Was taten Paulus und seine Mitarbeiter? Sie predigten die Wahrheit, dass es keinen anderen Gott gebe als Vater-Gott und seinen Sohn, den Herrn Jesus Christus! Nach relativ kurzer Zeit stand die gesamte Anbetung der »Diana von Ephesus« vor dem Aus, und zwar, weil es jemand gewagt hatte, den Menschen die Wahrheit zu sagen. Die daraus resultierenden religiösen, politischen und vorwiegend wirtschaftlichen Nachbeben führten dazu, dass Paulus beinahe zu Tode gesteinigt wurde (Apg 19,23–40). Streite ich ab, dass es eine dämonische Macht gab, die durch die Anbetung der Diana von Ephesus wirkte? Nein, ich glaube, die gab es. Aber Paulus und seine Begleiter befassten sich damit nicht im Gebet. Mutig sprachen sie die Wahrheit des Wortes Gottes und demonstrierten den Menschen die Kraft des Heiligen Geistes!

Paulus vernichtete die Diana von Ephesus durch die Macht der Wahrheit. Fast 2000 Jahre lange spielte sie keinerlei Rolle mehr, bis diese »Fürbitter« sie wieder auferstehen ließen.

Wer brachte wen?

Wie erlangen dämonische Wesenheiten über einer Stadt ihre Macht? Sie erhalten sie von den Menschen, die ihren Lügen glauben und diesen Lügen entsprechend handeln! Böse Geister sind nicht in der Lage, irgendjemanden gegen seinen Willen zu beherrschen oder zu kontrollieren. Menschliche Wesen verleihen Dämonen dadurch Macht, dass sie deren Lügen glauben und mit deren unheiligen Gelüsten kooperieren.

Es hat schon oft geheißen: »Das Gebiet von San Francisco wird von homosexuellen Geistern kontrolliert. Fürbitter müssen kommen und diese dämonischen Mächte binden, damit die Menschen freigesetzt werden können!« Wer kam zuerst nach San Francisco, die Dämonen oder die Homosexuellen? Als Menschen, die Homosexuelle bevorzugten, in Regierungsämter gewählt wurden, begannen sie damit, Gesetze zu verabschieden, die diese begünstigten (das betraf besondere Steuervorteile, Sozialhilfe, eheliche Vergünstigungen und gesellschaftlichen Status). Infolgedessen strömten Homosexuelle nach San Francisco und brachten die bösen Geister mit. Nicht die Dämonen brachten die Homosexuellen, sondern die Homosexuellen brachten die Dämonen!

Ich zweifle die Realität dämonischer Mächte der Homosexualität über San Francisco nicht an, doch sie im Gebet und durch Fürbitte zurückzuweisen, ist nicht der richtige Weg, mit ihnen fertigzuwerden! Verkündige den Homosexuellen in Liebe die Wahrheit und erlebe, wie sie wiedergeboren werden. Lass sie wissen, dass Gott Adam und Eva schuf und nicht Adam und Ewald. Werden Homosexuelle befreit, müssen die homosexuellen Dämonen woanders hingehen.

Ich weiß, ich habe dir jetzt vielleicht auf die Füße getreten. Du liebst Gott und meinst es so ernst, wie du nur kannst. Und doch hast du einigen dieser Dinge Glauben geschenkt. Wahrscheinlich fühlst du dich nun gekränkt, so, als ob ich dir sagte, du hättest ganz und gar Unrecht. Doch ich will dich nur ermutigen, die falschen Haltungen und Herangehensweisen in Bezug auf Gebet zu erkennen und mitsamt ihren Wurzeln herauszureißen. Du kannst es ernst meinen und dennoch ernsthaft im Unrecht sein!

Glaube, geh und handle!

Gott liebt dich! Er hat dein Herz gesehen. Er hat von deinem Gebet immer alles ergriffen, was er nur konnte, und er benutzt es, doch gibt es einen besseren Weg zu beten!

Anstatt all den anderen Mist zu beten, ehre Gott im Gebet mit den Worten: »*Vater, danke, dass du mein Land mehr liebst, als ich es jemals könnte. Vergib mir, dass ich das Gefühl habe, dich dazu bringen zu müssen, die Menschen so sehr zu lieben wie ich. Vergib mir meine Arroganz und meine selbstgerechte Haltung. Vergib mir, dass ich den Platz von Christus eingenommen und versucht habe, zu einem Vermittler zwischen dir und anderen zu werden. Ich erkenne es jetzt als das, was es in Wahrheit ist, und ich kehre um!*

Ich weiß, dass du meine Familie und die Menschen, mit denen ich befreundet bin oder mit denen ich zusammen arbeite, leidenschaftlich liebst, und deshalb biete ich mich dir als williges Gefäß an, durch das du wirken kannst. Zeige mir, zu wem ich heute dein Wort sprechen soll. Gib mir Weisheit, und ich werde deine Wahrheit und Liebe mutig verkündigen! Danke, Vater. Du bist so gut! Amen.«

Mach jetzt einen Glaubensschritt und verlass deine »Gebetskammer«. Der Heilige Geist leitet zwar, aber es ist deine Aufgabe, auch tatsächlich zu glauben, zu gehen und zu handeln!

KAPITEL 11

Straßensperren auf dem Weg zur Hölle

Ich möchte dir gern einige biblische Vorschläge machen, wie du effektiv für jemanden beten kannst, der verloren ist.

Gottes Wort offenbart das Vorhandensein von dämonischer Täuschung im Leben von Ungläubigen:

> *... bei denen der Gott dieser Welt den Sinn verblendet hat, damit sie den Lichtglanz des Evangeliums von der Herrlichkeit des Christus, der Gottes Bild ist, nicht sehen.*
> *— 2. Korinther 4,4*

Beginne dein Gebet angesichts dieser Wahrheit damit, Gott zu preisen, und binde dann die Blindheit der betreffenden Person: »Vater, du willst nicht, dass irgendjemand verloren geht, sondern dass alle zur Buße kommen und dich kennenlernen (2Petr 3,9). Du liebst diesen Menschen mehr als ich, deshalb muss ich nicht betteln. Danke, dass du ihn so liebst. Weil ich weiß, dass hier dämonische Täuschung eine Rolle spielt, binde ich diese Blindheit im Namen Jesu!« Das beseitigt die Blindheit nicht, schafft aber vorübergehende Linderung. Der Mensch, für den du betest, hat mehr Kontrolle über sein Leben als du. Falls er aber einer Täuschung unterliegt, dann zerbrich diese!

Gebet ungültig machen

Weil der unbekehrte Mensch das Recht hat, dein Gebet ungültig zu machen, wirst du es vielleicht mehrmals beten müssen. Das ist etwas anderes, als wenn man für sich selbst bittet, beispielsweise um Heilung. Wenn du für dich selbst betest, bittest du nur einmal. Falls du zweimal bittest, hast du mindestens einmal im Unglauben gebetet. Wenn es jedoch darum geht, für die Errettung eines Menschen zu beten, ist dämonische Täuschung definitiv ein Faktor. Du weist sie zurück, aber der Betreffende kann dein Gebet anschließend ungültig machen. Wenn der Herr beginnt, an ihm zu wirken, könnte dieser Jemand denken: *Mensch, was ist das? Ich habe das Gefühl, ich sollte zur Kirche gehen, die Bibel studieren und Gemeinschaft mit Gott haben. Das muss der Teufel sein!* »Gib mir noch ein Bier!« Wenn der Betreffende sich vom Drängen des Heiligen Geistes abwendet, hat er dein Gebet zunichtegemacht. Es ist nicht so, dass Gott nicht reagiert hätte. Gott hat reagiert, doch dieser Mensch hat das Gebet ungültig gemacht. Deshalb musst du es immer wieder und solange beten, bis du die Manifestation siehst. Zweifle nicht daran, dass Gott reagiert hat, aber sei dir bewusst, dass die betreffende Person dein Gebet zunichtemacht.

Der Mensch, für den du betest,
hat mehr Kontrolle über sein Leben als du.

Nachdem du die Blindheit und Täuschung über einem Menschen gebunden hast, ruf dir ins Gedächtnis, dass er aus dem unvergänglichen Samen des Wortes Gottes von neuem geboren werden muss (1Petr 1,23). Bete Matthäus 9,38: »Vater, ich bitte dich, ihm

Arbeiter über den Weg zu schicken. Dieser ungläubige Mensch muss dein Wort hören, deshalb spreche ich meinen Glauben aus und setze deine Kraft frei, sodass er dir durch Fernsehen, Radio, Internet, CDs, Bücher, Plakate und Menschen begegnet. Lass gerade jetzt einen geisterfüllten Gläubigen die Kneipe betreten und ihm dienen. Lass im Büro nebenan einen feurigen Christen sitzen, der ihm dein Wort verkündigt.«

Gott möchte Ungläubigen begegnen, doch muss er durch Menschen fließen. Er braucht hier auf der Erde jemanden mit einem physischen menschlichen Körper, der die Arbeit tut. Wenn der unerlöste Mensch Gott nicht selbst in sein Leben einlädt, dann braucht er jemanden, der für ihn betet und es damit an seiner Stelle tut. Er braucht niemanden, der Gott anfleht, so als liebte Gott diesen Menschen nicht bereits! Ein unerlöster Mensch braucht jemanden, der im Glauben spricht und diese Dinge freisetzt.

Gott möchte Ungläubigen begegnen,
doch muss er durch Menschen fließen.

Wenn du das getan hast, dann biete dich selbst als Arbeiter an! Bete nie dafür, dass ein anderer tun soll, was du selber tun kannst. Wenn du zu dem Ungläubigen sprechen kannst, dann tu es! Sprich die Wahrheit in Liebe. Dieser Mensch muss Gottes Wort hören, denn nur das wird ihn frei machen. Bete, dass ihm die Wahrheit begegnet.

Der Beistand aber, der Heilige Geist, den der Vater senden
wird in meinem Namen, der wird euch alles lehren
und euch an alles erinnern, was ich euch gesagt habe.
— Johannes 14,26

Gott befasst sich mit allen unbekehrten Menschen, und zwar schon ihr ganzes Leben lang. Er hat so viel er nur konnte, zu ihnen gesprochen und dadurch Straßensperren auf ihrem Weg zur Hölle errichtet. Bete, dass er dem Unbekehrten das, was er schon einmal empfangen hat, wieder ins Gedächtnis ruft. Vielleicht ist es eine Bibelstelle, die er als Kind gelernt hat. Vielleicht ist es auch Johannes 3,16 auf einer Plakatwand hinter dem Tor seiner Lieblings-Fußballmannschaft. Wenn der Heilige Geist diese Verse (»Arbeiter«, die dem Unbekehrten begegnet sind) belebt, wird dieser Mensch überführt.

Sünden erlassen

Du kannst keine Vergebung für die Sünden eines anderen empfangen, aber du kannst Sünden erlassen.

> *Welchen ihr die Sünden erlasset, denen sind sie erlassen; welchen ihr sie behaltet, denen sind sie behalten.*
> *— Johannes 20,23* LUT

Erlassen bezieht sich auf die Auswirkungen von Sünde. Du kannst die Sünde eines anderen nicht unterbinden oder im Gebet Vergebung über ihn aussprechen, aber du kannst dich mit den negativen Auswirkungen von Sünde befassen.

Wenn jemand ein sexuell unmoralisches Leben führt, riskiert er die Ansteckung mit zahlreichen Geschlechtskrankheiten. Du könntest beispielsweise beten: »Vater, ich erkenne an, dass dieser betreffende Mensch die Vergebung seiner Sünden selbst von dir empfangen muss, aber laut Johannes 20,23 trete ich jetzt den negativen Auswirkungen dieser Sünden entgegen. Satan, auch wenn der Betreffende eine Tür dafür geöffnet hat, wirst du ihm keine Geschlechtskrankheiten geben. Ich weise Aids zurück. Er wird nicht ernten, was er gesät hat, in Jesu Namen!«

Du kannst die Sünde eines anderen nicht stoppen oder im Gebet Vergebung über ihm aussprechen, aber du kannst dich mit den negativen Auswirkungen von Sünde befassen.

Dein Gebet kann diesem Menschen ein gewisses Maß an Schutz gewähren, aber der Betreffende kann es wieder ungültig machen. Falls er das tut, musst du am nächsten Tag erneut beten. Setze einfach weiterhin Gottes Kraft und seinen Schutz im Leben dieser Person frei, bis sie positiv reagiert. Letztendlich kannst du einen Menschen nicht dazu bringen, den Herrn anzunehmen, doch du kannst positiven geistlichen Druck auf ihn ausüben, indem du die Kraft Gottes in seinem Leben freisetzt.

Selbst Jesus, der vollkommene Fürbitter, konnte Menschen nicht allein durch seinen Glauben überzeugen oder befreien:

> *Jerusalem, Jerusalem, die da tötet die Propheten und steinigt, die zu ihr gesandt sind! Wie oft habe ich deine Kinder versammeln wollen, wie eine Henne ihre Küken versammelt unter ihre Flügel, und ihr habt nicht gewollt!*
> *— Matthäus 23,37*

»Viele Male wollte ich dich segnen und dir dienen, doch du wolltest es nicht zulassen!« Du kannst lediglich ein Kanal sein, durch den Gottes Kraft fließt und das Leben von Menschen berührt, denn letztlich muss sich jeder selbst für den Herrn entscheiden.

Paulus gibt diese Wahrheit in 1. Korinther 7,16 wieder:

Denn was weißt du, Frau, ob du den Mann retten wirst? Oder was weißt du, Mann, ob du die Frau retten wirst?

Verlass deinen ungläubigen Ehepartner nicht! Woher weißt du, ob dein Einfluss ihn nicht überzeugen kann und er errettet wird? Wenn du bleibst und ihn liebst und für ihn betest, könnte er den Herrn vielleicht annehmen. Du kannst deinen Ehepartner nicht »einfordern« oder zur Errettung nötigen, aber Gott wird dich gebrauchen, um ihn zu überführen. Durch dich wird er die Wahrheit sehen und hören, aber er muss ganz alleine entscheiden, ob er in die Hölle kommen möchte oder nicht, denn Gott zwingt niemanden, seinen Sohn anzunehmen.

Geschlachtet!

Bevor Jesus lehrte, was Gebet ist, verbrachte er ziemlich viel Zeit damit, aufzudecken, was Gebet nicht ist. Genau das habe auch ich bis jetzt in meinem Buch getan. Ich wäre gern höflicher, freundlicher und sanfter gewesen, aber angesichts der ganzen Verrücktheit und Verdrehtheit, die heute in der Christenheit im Hinblick auf Gebet existieren, sagte der Herr: »Es gibt keine einfache Art, das zu töten – deshalb töte es einfach!«

Wenn ich im Ausland diene, ist es für mich wichtig, mich von der dortigen religiösen Kultur abzugrenzen. In Nordindien, wo unser Glaube noch nicht so stark vertreten ist, gibt es viele Ausdrucksformen des Christentums, die genauso heidnisch und gottlos sind wie der dort vorherrschende Hinduismus. Während meines Besuchs dort sah ich Menschen anbetend vor Schreinen, in denen kleine Figuren von Krischna, Buddha und Jesus fröhlich beisammensaßen. Weil man in Indien buchstäblich Millionen von Göttern anbetet, werden viele Menschen dort auch Jesus bereitwillig »annehmen«, einfach deshalb, weil sie sich keinen Gott entgehen lassen wollen. In solchen heidnischen Kulturen distanziere ich mich von allem, was mit reellem christlichen Glauben nichts zu tun hat, bevor ich dann erkläre, was ein solcher ist.

Auch hier im Westen finden wir zahlreiche Ausdrucksformen des Christentums. Es mag uns nicht so offensichtlich erscheinen, weil wir damit aufgewachsen sind, aber nichtsdestoweniger sind viele davon falsch. Einige dieser Haltungen und falschen Auffassungen haben sich selbst in charismatische Kreise eingeschlichen. Man betreibt einen gewaltigen Aufwand, während man – falls überhaupt – nur sehr wenig Nutzen erlebt. Angesichts dieser Verhältnisse muss etwas falsch sein!

Bis jetzt bin ich in erster Linie dem entgegengetreten, was falsch ist. Nun, da ich mich von der vorherrschenden religiösen Kultur abgegrenzt habe, indem ich all diese heiligen Kühe geschlachtet habe, möchte ich nun gerne meinen Schwerpunkt verlagern und aufzeigen, was Gebet wirklich ist!

KAPITEL 12

Worum es bei Gebet wirklich geht

Gebet ist Austausch mit Gott. Es ist Gemeinschaft, Beziehung und Intimität mit ihm. Gebet ist Gespräch, ein Dialog (wechselseitig) und kein Monolog (einseitig). Gebet bedeutet, sowohl zu sprechen als auch zuzuhören. Über fünfundneunzig Prozent der Zeit, in der ich bete, verbringe ich damit, Gott zu danken, ihm meine Liebe zu zeigen, ihn zu loben und zu würdigen und mit ihm »abzuhängen« – nichts Besonderes oder Dramatisches. Der größte Teil von Gebet besteht einfach darin, mit Gott zu plaudern!

Gebet ist Austausch mit Gott.
Es ist Gemeinschaft, Beziehung und Intimität mit ihm.

Es hat auch Zeiten gegeben, in denen ich aufgestanden bin und Autorität über den Teufel genommen habe, Zeiten, in denen ich geistlich gekämpft und gebunden und gelöst habe und aufgrund dessen Wunder erleben konnte; das alles aber macht nur einen kleinen Teil meines gesamten Gebetslebens aus. Und doch wird gerade hierüber für gewöhnlich so gelehrt, als seien diese Dinge überaus wichtig! Menschen, die mich darüber lehren hören, dass es bei Gebet in erster Linie darum gehe, Gott zu lieben, erwidern sofort: »O nein, das ist zu einfach. Wir müssen stark im ›Gebet‹

sein und regelmäßig all die anderen Dinge tun!« Da bin ich völlig anderer Meinung.

Heutzutage konzentriert sich die meiste Lehre über Gebet darauf, wie man von Gott etwas erbittet und bekommt. Alles dreht sich darum, wie man seine Gebete beantwortet bekommt und wie man – wenn man wirklich geistlich ist – auch Gebetsantworten für andere Menschen bekommen kann (Fürbitte). Obwohl es angemessen ist, um die Erfüllung der eigenen Bedürfnisse zu bitten (Joh 16,24), sollte dies nur einen ganz geringen Teil deines Gebetslebens ausmachen. Falls es für dich aber absolut im Mittelpunkt steht, ist das auch einer der Hauptgründe, warum deine Gebete nicht besonders effektiv sind. Zu bitten und zu empfangen, ist zwar *ein* Zweck von Gebet, ganz bestimmt aber nicht *der* Zweck. Gott möchte deine Bedürfnisse stillen, doch das Bestreben, etwas von ihm zu bekommen, sollte dein Gebetsleben nicht beherrschen!

Zu bitten und zu empfangen, ist zwar ***ein*** *Zweck von Gebet, ganz bestimmt aber nicht* ***der*** *Zweck.*

Übernatürlich hinzugefügt

Wenn du dich wirklich nur auf das Wesentliche konzentriertest, nämlich Gott zu lieben, ihn anzubeten und deine Beziehung zu ihm auszuleben, dann würdest du bald entdecken, dass du gar nicht so viele Bedürfnisse hast! Wenn du zuerst nach dem Reich Gottes trachtest, werden dir Dinge einfach übernatürlich hinzugefügt.

Deshalb sage ich euch: Seid nicht besorgt für euer Leben, was ihr essen und was ihr trinken sollt, noch für euren Leib, was ihr anziehen sollt! Ist nicht das Leben mehr als die Speise und der Leib mehr als die Kleidung? — Matthäus 6,25

Die Menschen der Welt sind völlig mit dem Streben danach beschäftigt, was sie essen, was sie anziehen, wo sie wohnen sollen und anderem mehr, doch Gläubige sollten sich so nicht verhalten. Gott ist sich völlig bewusst, dass wir diese Dinge brauchen, aber er hat uns auch befohlen: »Trachtet zuerst nach dem Reich Gottes und nach seiner Gerechtigkeit! Dabei wird euch dann dies alles hinzugefügt werden« (siehe Mt 6,33). Wenn du leidenschaftlich in Gott verliebt bist, sorgt er – übernatürlich – besser für dich, als du selbst es jemals könntest!

Wenn du buchstäblich dafür lebst, Gott zu lieben, setzt du eine mächtige geistliche Dynamik frei, die den Fluss der Versorgung in deinem Leben positiv beeinflusst. Den meisten Menschen will diese Wahrheit nicht in den Kopf, weil sie völlig außerhalb ihres Erfahrungsbereichs liegt. Das ist einfach zu hoch für sie! Es geht nicht darum, deine Familie oder deine Karriere in deinem Leben zur Hauptsache zu machen und Gott am Rande zu lieben oder deinem Lebensstil durch Gott eine »besondere Qualität« hinzuzufügen. Ich spreche davon, dass Gott dein absoluter Mittelpunkt ist, das eigentliche Zentrum deines Lebens!

Für den durchschnittlichen Christen ist der Herr lediglich ein Punkt mehr auf der Tagesordnung eines ohnehin schon geschäftigen Lebens. Im Mittelpunkt seines Interesses steht es, Geld zu verdienen, die Kinder großzuziehen, das Haus in Schuss zu halten, mehr Lebensqualität zu erreichen und vielen anderen weltlichen Beschäftigungen nachzugehen. Nebenbei versucht er, Gott noch mit ins Spiel zu bringen, aber den Mittelpunkt bildet er definitiv nicht. Durchschnittschristen rackern sich ab, weil die Last, Wohlstand zu schaffen, allein auf ihren Schultern ruht. Völlig gestresst, strengen sie sich unter Sorgen an, weil ja sie es sind, die ständig versuchen müssen, über die Runden zu kommen!

Wenn Gott jedoch wirklich das Zentrum deines Lebens ist, geht alles andere wie von selbst. Der Herr sorgt dafür, dass es übernatürlich funktioniert. Ich kann nicht erklären, wie, aber es ist ein Prinzip des Königreichs. Wenn Gott dich gedeihen lässt, dann geschieht das ohne Anstrengung. Ich habe jedoch nur sehr wenige Christen getroffen, die sich wirklich in diesem Fluss befinden. Wenn dein ganzes Herz einfach nur »Gott, ich liebe dich!« sagt, wirst du feststellen, dass er über viele Möglichkeiten verfügt, Dinge funktionieren zu lassen.

Lobpreis verändert die Perspektive

Menschen sagen mir: »Andrew, dich scheint ja wirklich nichts aus der Fassung bringen zu können. Dinge laufen schief, doch dich bringt einfach nichts aus der Ruhe!« Das ist wahr! Erst gestern erschien es so, als würde der Vertrag für unser neues Gebäude wieder nicht zustande kommen. Das hat mir überhaupt keine Sorgen bereitet, weil ich Gott liebe und weiß, dass er die Sache zum Erfolg führen wird. Es war nur ein weiteres Ärgernis, noch ein Hindernis und ein weiterer Schmerz. Der Teufel kann dich lediglich ärgern, aber stoppen kann er nichts. Es hätte nichts geholfen, die halbe Nacht wachzubleiben und den Himmel zu bestürmen, deshalb ging ich einfach ins Bett. Ich hatte nicht vor, mein Leben dadurch beeinträchtigen zu lassen! Heute informierte man mich, dass alles geklappt habe und wir wieder im Rennen seien. Halleluja!

Deine Perspektive verändert sich, wenn du Gott den ersten Platz einräumst und ihn preist. Viele deiner Sorgen hören dann einfach auf, Probleme zu sein. Wenn du Zeit mit dem König der Könige und mit dem Herrn der Herren verbringst, wird seine Einstellung zu deiner. Durch seinen Einfluss verändert sich deine gesamte Denkweise. Du störst dich dann nicht einmal mehr an Dingen, die andere aus der Fassung bringen und dazu veranlassen, Tage, Wochen, Monate, ja sogar Jahre im Gebet darüber zu verbringen!

Deine Perspektive verändert sich, wenn du Gott den ersten Platz einräumst und ihn preist!

Wenn Probleme auftauchen, haben viele Menschen das Gefühl, sie in Ordnung bringen zu müssen. Ich persönlich habe nicht den Eindruck, auch nur irgendetwas in Ordnung bringen zu müssen. Gott ist meine Quelle und ich bleibe auf ihn ausgerichtet. Angesichts von Schwierigkeiten erkläre ich meinen Mitarbeitern: »Wartet nur ab, ich trachte zuerst nach dem Reich Gottes, und alles wird klappen. Wenn sich die Wogen wieder geglättet haben, werden wir zurückblicken und sagen: ›Gott hat uns gesegnet – und wie er es gemacht hat, war einfach wunderbar!‹«

»Ich bitte Gott nie um Geld!«

Wenn du Gott an erste Stelle setzen und ihn einfach lieben würdest, müsstest du nicht viel Zeit damit verbringen, ihn um Finanzen zu bitten. Es gibt dann einfach diesen übernatürlichen göttlichen Fluss!

Andrew Wommack Ministries benötigt momentan (im Sommer 2005) monatlich 720.000 Dollar, nur um die laufenden Kosten zu decken. Das sind 24.000 Dollar pro Tag! Nur um das zu tun, was wir tun, sind das sieben Tage die Woche, 24 Stunden am Tag, 1000 Dollar pro Stunde – und das wird nicht mehr lange so bleiben. Der Herr hat mir gezeigt, dass ich bald für eine Million Dollar pro Monat bereit sein müsse. Das wären dann jeden Tag fast 1400 Dollar pro Stunde! Trotzdem ist es schon Jahrzehnte her, dass ich den Herrn um Geld gebeten habe.

Ich bitte Gott nie um Geld. Ich bete nicht dafür, dass er unser Einkommen erhöht. Ich sage einfach nur: »Gott, da wir mehr Geld brauchen, muss ich wohl zu klein denken. Ich muss meine Vision vergrößern!« Dann meditiere ich über die Bibelstellen, die besagen, dass Gott mein Versorger ist. Aber ich bete und dränge nicht, zerre nicht an ihm herum und bettele und flehe ihn auch nicht um mehr Geld an.

Wenn unser Dienst finanzielle Verpflichtungen eingeht, stelle ich sicher, dass ich nicht unüberlegt und eigennützig handle. Wenn ich einmal davon überzeugt bin, dass ich das tue, was Gott mir aufgetragen hat, ermutige ich mich einfach damit, dass Gott meine Quelle ist. Ich sage mir dann, dass *Gott treu ist.* Ich benutze sogar die Bibel, um mir selbst zu predigen, aber um Geld bitte ich Gott nie.

Das erscheint dir vielleicht befremdlich, doch im Wort heißt es: »Trachtet aber zuerst nach dem Reich Gottes, und dies alles wird euch hinzugefügt werden!« Ich habe den Herrn seit Jahrzehnten nicht mehr um auch nur einen Cent gebeten, dennoch segnet er meinen Dienst mehr als je zuvor. Das funktioniert wesentlich besser als mein Bitten und Betteln. Wenn ich bete, sage ich einfach: »Vater, ich liebe dich! Du bist der Mittelpunkt meines Lebens.« Wenn du ihn einfach nur anbeten würdest und mit ihm

Gemeinschaft hättest, dann würde er alles, was du brauchst, übernatürlich hinzufügen. Du müsstest nicht wissen, wie man Armut und dergleichen »bindet«, weil du sozusagen unbeabsichtigt besser dran wärst, als du es jemals absichtlich warst!

Gesegnet oder gestresst?

Wenn du beständig in Gottes Gegenwart bleiben, ihn lieben und anbeten würdest, würde Stress in deinem Leben keine Rolle spielen. Ich habe in meinem Leben keinerlei Stress; ich bin zu gesegnet, um gestresst zu sein! Ich lasse mich durch nichts aus der Ruhe bringen, weil es sich nicht lohnt. Menschen kritisieren mich und sagen alle möglichen Gemeinheiten zu mir, doch in meinen Gedanken wird sich kein Mensch einnisten! Ich habe über wichtigere Dinge nachzudenken als über ihre Kritik. Im Vergleich zur Erfüllung der Vision, die Gott mir aufs Herz gelegt hat, sind Kritiker einfach nicht so wichtig für mich. Ich liebe sie und versuche, nicht gemein zu sein, aber ich habe Größeres vor Augen und zerbreche mir nicht den Kopf über sie oder mich und darüber, was sie über mich sagen. Wenn Menschen mich kritisieren, konzentriere ich mich weiterhin darauf, Gott zu lieben. Ich muss nicht beten: »Vater, hast du gehört, was sie über mich gesagt haben?« Das spielt einfach keine Rolle, weil ich zuerst nach dem Reich Gottes und seiner Gerechtigkeit trachte. Ich bin nicht beladen, deprimiert oder unterlegen. Ich suche Gott, und ich bin ein glücklicher Mann. Das bin ich wirklich!

»Nun, Andrew, das liegt daran, dass du keine Probleme hast!« Ich habe Probleme wie jeder andere auch! Tatsächlich haben Pastoren und Prediger gewöhnlich mehr Probleme als andere Menschen, weil sie in der geistlichen Welt eine große Zielscheibe darstellen. Der Teufel trifft Prediger mit allen möglichen Dingen. Wenn ich wollte, könnte auch ich, genauso wie jeder andere, von Sorgen »besessen« sein, weil auch mir einige ziemlich üble Dinge widerfahren sind. Doch die Worte des folgenden Liedes drücken es treffend aus: »Blick nur auf Jesus, schau ihm direkt ins Gesicht, und diese Welt wird wundersam verblassen, in seiner Gnade und Herrlichkeit Licht.« Wenn du in den Lichtglanz der Herrlichkeit Gottes blickst, macht dich das für andere Dinge blind. Ich habe nicht den Kummer und die Sorgen, die andere Menschen haben, weil ich nicht das sehe, was sie sehen. Und ein Grund dafür ist mein Gebetsleben, das zu neunundneunzig Prozent aus dem Bekenntnis besteht: »Vater, ich liebe dich. Du bist wunderbar!« Ich verbringe einfach Zeit mit Gott und plaudere mit ihm, und darum geht es bei Gebet. Ich bitte ihn wirklich nicht um viel.

Wenn du in den Lichtglanz der Herrlichkeit Gottes blickst, macht dich das für andere Dinge blind.

Gesalbt

Ich bete nie für meine Veranstaltungen. Viele Pastoren und Prediger haben Fürbitter, die im Gebet ringen und sich abmühen, um »die geistliche Atmosphäre zu reinigen«. Sie bitten Gott, die Menschen zu bringen, und flehen: »Oh, bitte komm mit deiner Salbung!« Das ist eine Beleidigung für Gott!

Wenn der Herr mich dazu berufen hat, sein Wort zu predigen, dann wäre es einfach ungerecht von ihm, mir nicht auch die nötige Ausrüstung dafür zu geben. Jesus verkündigte:

»Der Geist des Herrn ist auf mir, weil er mich gesalbt ***hat*** *[Vergangenheitsform] …« — Lukas 4,18*

Ich bitte Gott nie, mich zu salben, weil sein Wort sagt, dass er es bereits getan hat (1Joh 1,20). Ich bete: »Vater, ich danke dir, dass es eine gute Veranstaltung wird, weil ich die Wahrheit sprechen werde, die du zu meinem Herzen gesprochen hast.« Gottes Wort ist bereits gesalbt!

Der Herr will noch mehr als ich das Leben von Menschen verändern. Ich muss ihn nicht darum bitten, Interesse an meinen Veranstaltungen zu zeigen. Das tut er bereits. Was das angeht, versuche ich vielmehr, mit ihm mitzuhalten. Im Gebet rufe ich mir in Erinnerung: »Gott, du liebst diese Menschen und willst, dass sie frei werden!« Auf diese Weise ermutige ich mich und rede mir selbst zu.

Ob viele oder wenige, die Anzahl meiner Zuhörer kümmert mich nicht. In den ersten zwei Jahren, in denen ich predigte, zählte die größte »Menschenmenge«, vor der ich jemals stand, fünfzehn Köpfe! Drei von fünf Abenden pro Woche predigte ich nur vor Jamie, unserem ältesten Sohn Joshua und einem anderen Ehepaar, das uns zu jener Zeit unterstützte. Hin und wieder kam auch noch jemand anderes dazu, aber das spielte für mich keine Rolle. Ich gab in meinen Predigten einfach alles! Rückblickend betrachte ich das heute als gutes Training. Die Größe einer Veranstaltung interessiert mich nicht wirklich. Wenn es mehr als fünfzehn Menschen sind, betrachte ich das als Menge!

Auf Belanglosigkeiten fixiert

Marta war wie besessen vom Dienen, doch Maria saß zu Füßen des Herrn und hörte ihm zu. Marta machte sich Sorgen um die Verköstigung und wollte gern, dass Jesus ihre Schwester dazu bringe, ihr zu helfen; doch stattdessen erklärte er ihr, dass Maria eine weise Entscheidung getroffen habe, die ihr nicht genommen würde (siehe Lk 10,38–42). Bist auch du noch ganz aufs Dienen fixiert, oder hast du eine weise Entscheidung getroffen?

Gebet ist in erster Linie dazu da, Gott zu lieben, und nicht dazu, deine Bedürfnisse erfüllt zu bekommen. Platze bei Gott nicht einfach mit deinem Einkaufszettel herein, schon bereit, durch die himmlischen Einkaufsstraßen zu laufen und zu rufen: »Gib mir, gib mir, gib mir noch mehr!« Bringe stattdessen zehn Minuten damit zu, Gott zu lieben, und du wirst dich anschließend verwundert fragen: »Was war doch gleich mein Problem?« Es ist nämlich einfach verschwunden.

Wenn du Gott in seiner Größe verherrlichst, entdeckst du, wie klein deine Probleme in Wirklichkeit sind.

Wenn du Gott in seiner Größe verherrlichst, entdeckst du, wie klein deine Probleme in Wirklichkeit sind. »Vater, da gab es noch etwas, worum ich dich bitten wollte, aber ich habe vergessen, was es war. Es wäre auch wirklich nicht wert gewesen, dich damit zu belästigen, und es wird ja sowieso vorübergehen. Keine große Sache!« Du wirst feststellen, dass neunzig Prozent dessen, wovon du wie besessen warst, ohnehin belanglos ist.

Menschen benutzen Gebet in dem Bestreben, sich Gottes Aufmerksamkeit zu sichern und ihn zu überreden, ihnen nutzlose Dinge zu geben. Wenn du beispielsweise eine christliche Konferenz besuchst, wird Satan den Versuch unternehmen, dir das Wort zu stehlen. Irgendetwas wird passieren – zu Hause, mit dem Auto, mit dem Hotelzimmer, mit der Klimaanlage, mit der Toilette oder mit etwas anderem. Du steigerst dich dann in diese Dinge hinein und setzt deinen Glauben aggressiv dafür ein, sie in Ordnung zu bringen. Doch schon nach einer Woche erinnerst du dich nicht einmal mehr, was dich so »genervt« hat. Würdest du ein Tagebuch führen und nach einem Jahr auf die Sache zurückblicken, wäre dein erster Gedanke: *Eigentlich war das gar kein so großes Problem, und doch habe ich eine Stunde lang zu Gott gebetet, damit er mir da hindurch hilft!*

Wir handeln oft wie unreife, schlecht erzogene Kinder, die Gottes Hilfe suchen. »Vater, dieser Mensch hat eine Bemerkung über meine Kleidung gemacht. Ihm gefiel mein Aussehen nicht!« Wen kümmert das denn überhaupt? »Ich habe Tränensäcke. Ich kann so nicht weitermachen, wenn Gott mich nicht heilt!« Es geht doch nur um deine fleischliche Hülle, deinen »Erdanzug«. Komm darüber hinweg! Interessieren Gott derartige Dinge denn gar nicht? Natürlich! Aber wenn du deine Aufmerksamkeit darauf richten würdest, ihn zu lieben, würdest du feststellen, dass sie tatsächlich nicht so wichtig sind. Wenn du den Herrn in den Mittelpunkt deiner Gedanken und Gefühle stelltest, wärst du unbeabsichtigt besser dran, als du es je mit Absicht gewesen bist.

Ich bete hin und wieder für Menschen, die völlig in Tränen aufgelöst sind und jammern. Wenn sie mir dann auf meine Frage hin, was denn los sei, schluchzend Antwort geben, muss ich mir oft das Lachen verkneifen. Verwundert frage ich mich dann: *Ist das wirklich der Grund, warum du weinst? Ich erlebe schlimmere Dinge an guten Tagen!*

Gott lieben

Dein Leben wird ausgeglichener werden, wenn du in Gottes Gegenwart kommst und Gebet in erster Linie dazu benutzt, deiner Liebe zu ihm Ausdruck zu verleihen und ihn anzubeten. Das wird dir eine ganz neue Perspektive geben. Du wirst dann anders denken als diejenigen, die ihm nicht ihre Liebe zeigen und ihn nicht anbeten. Wenn du aufhörst, um Dinge zu bitten, und einfach anfängst, deine Liebe zu ihm auszudrücken, dann wirst du sehen, wie sich alles in deinem Leben zum Guten wendet. Der Herr hat zwar tatsächlich gesagt: »Bittet, und es wird euch gegeben werden«, doch geht es bei Gebet nicht nur darum!

Falls Gott zu lieben und mit ihm zusammen zu sein, nicht der hauptsächliche Zweck deines Gebets ist, verpasst du, worum es beim christlichen Glauben eigentlich geht.

Beten heißt einfach, Gott zu lieben und zu sagen: »Vater, du bist ein guter Gott! Ich verehre dich! Du bist wunderbar!« Sei großzügig und komm mit jeder Menge Lobpreis und Dank in seine Gegenwart. Gesang und Anbetung sollten deshalb einen Großteil des Gebets ausmachen, dennoch geben die meisten Menschen Gott nur sehr wenig davon. Stattdessen werden ihre Gebete von Habenwollen verzehrt: »Gott, ich habe nichts, was ich dir geben könnte, aber ich brauche unbedingt dies und das und darüber hinaus noch mehr. Bitte schick es schnell!« Falls Gott zu lieben und mit ihm zusammen zu sein, nicht der hauptsächliche Zweck deines Gebets ist, verpasst du, worum es beim christlichen Glauben eigentlich geht.

KAPITEL 13

Intimität: Das Herzstück der Errettung

Denn so hat Gott die Welt geliebt, dass er seinen eingeborenen Sohn gab, damit jeder, der an ihn glaubt, nicht verloren geht, sondern ewiges Leben hat.
— Johannes 3,16

Die meisten Christen sind mit Johannes 3,16 so vertraut, dass sie gar nicht wirklich wissen, was diese Bibelstelle bedeutet! Oft wird sie benutzt, um zu verkünden: »Gott kam und vergab dir deine Sünden, damit du wiedergeboren werden und der Hölle entgehen konntest!« Bei genauerer Betrachtung offenbart sich uns jedoch, dass »nicht verloren zu gehen« nicht das eigentliche Ziel der Errettung ist – ewiges Leben zu haben hingegen schon!

Bedauerlicherweise ist *ewiges Leben* für die meisten Menschen lediglich ein religiöses Klischee, das so viel bedeutet wie »für immer im Himmel zu leben«. In Wirklichkeit jedoch beginnt ewiges Leben in dem Moment, in dem du von neuem geboren wirst (Joh 3,36). Es ist eine Realität in der Gegenwart und nicht in der Zukunft. Wenn du ein Gläubiger bist, dann ist ewiges Leben *jetzt!*

Intime persönliche Kenntnis

Was ist ewiges Leben? Jesus, sein Urheber, definiert es so:

> *Dies aber ist das ewige Leben, dass sie dich, den allein wahren Gott, und den du gesandt hast, Jesus Christus, erkennen. — Johannes 17,3*

Ewiges Leben ist, Gott den Vater und seinen Sohn Jesus Christus zu erkennen!

Das Wort *erkennen* meint in der Ursprungssprache eine persönliche, intime, auf Erfahrung beruhende Erkenntnis oder Kenntnis. Es geht dabei nicht einfach nur um »Wissen über«. Um bloßes Wissen geht es, wenn man bestimmte Fakten über etwas oder jemanden nennen kann, wie etwa den Namen einer berühmten Person, ihren Geburtsort oder ihre Haarfarbe – alles jedoch, ohne ihr wirklich jemals persönlich begegnet zu sein. *Erkennen* in Johannes 17,3 ist Erkenntnis im biblischen Sinn. (In 1. Mose 4,1 wird beschrieben, dass Adam seine Frau Eva *erkannte*, die daraufhin schwanger wurde und einen Sohn gebar.) Es geht um die intimste aller Beziehungen! Jesus Christus starb, um uns tiefgreifende *Erkenntnis* oder *Kenntnis* sowohl seiner selbst als auch des Vaters zu bringen – jetzt und hier, in diesem Leben, nicht irgendwann einmal in der Zukunft im Himmel. Das ist das Ziel der Errettung!

Die Kirche hat das Evangelium herabgewürdigt, hat es geschwächt und ihm das Herz herausgeschnitten, indem sie predigte: »Bereue oder brenne!« oder »Entfliehe der Hölle – werde von neuem geboren!« Es ist wahr, dass diejenigen, die Christus nicht annehmen, in die Hölle kommen. Das allein ist schon Grund genug, unser Leben für aggressive Evangelisation hinzugeben. Dennoch ist es nicht das, was die Bibel als das wahre Ziel des Evangeliums offenbart.

Jesus gab sein Leben, damit wir ihn auf intime, nahe und persönliche Weise erkennen und kennen könnten. Wenn du Sündenvergebung lediglich empfangen hast, um nicht in die Hölle zu kommen, dann hast du das wahre Ziel der Errettung noch gar nicht erlebt. Obwohl es ein wunderbarer Gewinn ist, nicht in die Hölle zu kommen, so ist es doch nicht das Herzstück des Evangeliums. Wenn Sündenvergebung alles ist, was du empfangen hast, dann hast du das eigentliche Ziel der Errettung verfehlt.

Jesus gab sein Leben, damit wir ihn auf intime, nahe und persönliche Weise erkennen und kennen könnten.

Vollständige Errettung heißt, mit Gott eine solch innige Beziehung haben zu können, dass er dein allerbester Freund ist. Er ist die Person, die dir am nächsten steht – realer noch als dein Ehepartner oder deine Kinder. Wenn du diese Qualität der Beziehung zu Gott noch nicht erlebst, dann verpasst du, worum es bei ewigem Leben eigentlich geht.

Sünde war nicht der eigentliche Gegenstand des Kommens Christi. Sünde stellte lediglich eine Barriere zwischen Gott und der Menschheit dar. Jesus nahm unsere Sünde mit ans Kreuz und beseitigte diese Barriere für immer. Seine ultimative Absicht war jedoch nicht die Überwindung der Sünde, sondern die Wiederherstellung einer engen, persönlichen und innigen Beziehung zwischen uns und Gott. Jesus kam, um uns dieses ewige Leben zur Verfügung zu stellen.

Hungrige Löwen und lodernde Scheiterhaufen

Der Grund, warum die Gemeinde des ersten Jahrhunderts viel bessere Ergebnisse erzielte als die Kirche unseres Jahrhunderts, liegt darin, dass die Gläubigen damals dieses ewige Leben erfuhren! Ohne die Hilfe moderner Medien veränderte dieser bunte Haufen meist ungebildeter Sklaven die Welt. Dank ihres aggressiven Lebenszeugnisses verbreitete sich das Evangelium in den ersten dreißig Jahren wie ein Lauffeuer in der gesamten damals bekannten Welt. Was bewirkte diesen so viel größeren Einfluss? Die ansteckende Qualität ihrer Vertrautheit mit Gott!

Als ich achtzehn Jahre alt war, nahm meine Mutter mich mit auf eine Reise nach Rom. Dort sah ich die Katakomben, das Kolosseum und den Zirkus Maximus (Drehort des berühmten Wagenrennens aus »Ben Hur«). Im Zirkus Maximus töteten die Römer Christen unter anderem dadurch, dass sie sie auf dem Scheiterhaufen verbrannten oder den Löwen zum Fraß vorwarfen. Weil die Römer die Christen abgrundtief hassten, entweihten sie auch deren Gräber. Deshalb begruben viele Gläubige ihre Toten in unterirdischen Gängen, »die Katakomben« genannt.

Eine der Inschriften, die ich in den Katakomben las, beeindruckte mich als jungen Gläubigen besonders. Sie lautete: »Hier liegen meine Frau und unsere sechs Monate alte Tochter, die heute ihr Leben im Zirkus Maximus zur Ehre Gottes hingegeben haben.« Der Stolz und die Freude dieses Mannes klangen mir laut und deutlich in den Ohren. Seine Frau und seine Tochter waren zur Ehre Gottes getötet worden!

Bevor die Gläubigen bei lebendigem Leibe verbrannt wurden, trieb man ihnen spitze Pfähle in den Körper. Aufgespießt und voller Schmerzen sangen diese Christen Freudenlieder und brachten so den grausamen Kaiser Nero dazu, sich buchstäblich die Finger in die Ohren zu stecken und zu schreien: »Mein Gott, warum singen diese Christen?« Die Gläubigen kämpften sogar untereinander darum, wem als Nächstem die Ehre zuteilwerden sollte, für die Herrlichkeit Gottes sterben zu dürfen. Die meisten heutigen Christen im Westen wären so voller Selbstliebe und Angst, dass jeder nur denken würde: *Rette sich, wer kann!*

Es ist eine geschichtliche Tatsache, dass für jeden getöteten Christen bis zu sieben Römer von den Zuschauertribünen in die Arena sprangen und deren Platz einnahmen. Auch sie wurden sofort von den Löwen zerfleischt oder auf dem Scheiterhaufen verbrannt. Die Freude, der Friede und die Liebe, die von den Gesichtern dieser Gläubigen strahlten, während sie freudig für ihren geliebten Herrn starben, provozierte diese Römer dazu, ihr eigenes Leben aufzugeben, um selbst eine Beziehung zu einem solchen Gott zu haben. Das war auch einer der Hauptgründe dafür, warum dieses grausame Treiben im Zirkus Maximus schließlich beendet wurde.

»Gott, befriedige meine Bedürfnisse!«

Heutzutage gibt es unter tausend Christen kaum einen, der eine solche Haltung hätte! Die Beziehung der meisten Gläubigen zu Gott ist ausgesprochen oberflächlich und ichbezogen. Sie schreien immerzu: »Gott, befriedige meine Bedürfnisse!« Ich behaupte nicht, dass Gott uns alle als Märtyrer sehen will, dennoch brauchen wir ganz sicher eine Neuorientierung.

Wenn du zuerst Gott mit einem Herzen voller Liebe, Anbetung und Dankbarkeit suchst, wirst du seine Freude und seinen Frieden in einem solchen Ausmaß erfahren, dass es dir nicht einmal mehr etwas ausmachen würde, wenn man dein Haus oder dein

Auto pfändete. Deine Reaktion wäre dann nur: »Na und? Gott wird schon für mich sorgen. Und außerdem habe ich eine Villa im Himmel, und da sind die Straßen aus Gold!« Wenn du diese Einstellung entwickeln könntest, wäre Wohlstand kein Problem. Du müsstest keine Zeit mehr damit verbringen, für deine eigenen Bedürfnisse zu beten.

Errettung ist in ihrem eigentlichen Wert so weit herabgesetzt worden, dass sie für uns nur mehr eine Gelegenheit ist, erwartungsvoll auf unseren großen Vater im Himmel zu schauen, der alle unsere Bedürfnisse befriedigen soll. Die meisten Menschen sind aus selbstsüchtigen Gründen zum Herrn gekommen – besonders diejenigen, die nur dem Gericht entgehen wollten.

Wir sollten Menschen ständig von der Größe Gottes, seiner Güte und Gnade erzählen. Gott ist nicht mehr zornig auf uns, weil sein eigener Sohn die Sünde, das Urteil und die Bestrafung, die wir verdienten, getragen hat, damit wir eine innige Herzensbeziehung zum Vater haben könnten. So sehr liebt Gott uns! Wenn wir das predigten, würden Menschen in hellen Scharen von der Tribüne springen und sich uns anschließen!

Stattdessen wird gepredigt: »Tu Buße oder schmore in der Hölle!« und die Menschen betrachten Gott als ihre »Feuerversicherung«. Sobald sich Neubekehrte sicher sind, tatsächlich der Hölle entronnen zu sein, investieren die meisten darüber hinaus nicht mehr viel Zeit und Mühe in Gott. Sie werden angewiesen, »durchzuhalten« und dem Herrn gerade genug zu dienen, um es in den Himmel zu schaffen.

Der Glaube kommt aus dem Hören, das Hören aber durch das Wort Gottes. Wenn Menschen beigebracht wird, dass sie errettet werden müssen, damit sie der Hölle entrinnen, und dass sie Gott danach benutzen können, um all ihre Bedürfnisse zu befriedigen, dann werden sie auch nur genau dafür den nötigen Glauben haben.

Wenn dies das Ziel ist, dann dienen sie ihm gerade genug, um das zu bekommen, was sie brauchen. Wenn es ihnen dann materiell allmählich besser geht, ist Gott schnell vergessen. Klingt das vertraut? Genau so ist Errettung gepredigt worden!

Gejagter oder Jäger?

Gott liebt dich so sehr, dass er seinen einzigen Sohn für dich gegeben hat. Er ist nicht zornig auf dich, sondern sehnt sich stärker nach inniger Gemeinschaft mit dir, als du dir jemals vorstellen kannst. Er hält dir deine Sünden nicht vor, sondern sieht dich durch deinen gerechten, von neuem geborenen Geist. Der allmächtige Gott will Zeit mit dir verbringen, weil er dich liebt!

Er hält dir deine Sünden nicht vor, sondern sieht dich durch deinen gerechten, von neuem geborenen Geist.

Weil die meisten Gläubigen von dieser Wahrheit nichts wissen, erfreuen sie sich keiner besonders intimen Beziehung zu Gott. Für sie hat sich ihr gesamtes Leben als Christ – insbesondere ihr Gebetsleben – auf die Frage reduziert: »Wie kann ich Gott dazu bringen, dass er dies oder das tut? Wie kann ich etwas von Gott bekommen? Wie kann ich ihn dazu bringen, etwas für einen anderen zu tun?« Wir benutzen Gebet nicht für das, wozu es eigentlich gedacht ist!

Gebet ist Austausch und Gemeinschaft mit Gott. Durch Gebet drücken wir aus: »Vater, ich liebe dich«, und bekommen dann von ihm ein »Ich liebe dich auch!« zu hören. Gebet bedeutet, im

Herzen Gott zu lauschen und sein Wohlgefallen zu spüren, während du Zeit mit ihm verbringst. Wenn du das tätest, müsstest du nicht viel Zeit dafür aufwenden, Gott um Dinge zu bitten, weil sie auf übernatürliche Weise einfach auftauchen würden.

Das Wort offenbart, dass alle Segnungen Gottes über uns kommen und uns erreichen sollen (5Mo 28,2). Ich habe noch nicht sehr viele Christen gesehen, die von Segnungen gejagt werden, aber es gibt bestimmt viele Gläubige, die den Segnungen nachjagen. Menschen kommen mit aus dem Halse hängender Zunge zu meinen Veranstaltungen und bekennen: »Auch in diesem Gottesdienst bin ich nur, weil ich Gott dazu bringen will, in meinem Leben etwas zu tun.« Hör einfach auf damit und fang an, Gott deine Liebe zu zeigen, indem du sagst: »Es tut mir leid, Vater. Ja, es gibt Dinge in meinem Leben, die ich benötige, aber die sind nicht so wichtig. Das, was ich wirklich nötig habe, ist, dich einfach zu lieben, Gemeinschaft mit dir zu haben und zu wissen, dass du mich liebst. Ich bete dich an!« Dein Leben würde gewaltig verwandelt!

Auf der anderen Seite ist das Leben als Christ ein schmerzhafter und harter Kampf, wenn fünfundneunzig Prozent deines Gebetslebens daraus bestehen, um Dinge zu bitten, zu bereuen, zu brüllen und zu schreien, zu meckern und zu klagen, Gott zu erklären, was der Arzt gesagt hat, ihn über deine Rechnungen zu informieren und so weiter. Dir entgeht ganz einfach das, was Christentum wirklich bedeutet: Gott kennen und lieben!

Gott will dich!

Gott liegt mehr daran, wer du bist, als daran, was du tust. Er wünscht sich deine Gesellschaft mehr als deinen Dienst. Aber die Kirche hat die Betonung auf »Tu ein gutes Werk für Gott!« gelegt.

Und so haben wir die Gleichung aufgestellt, dass Gottes Liebe und seine Annahme proportional zu dem stehen, was wir in unseren eigenen Augen leisten. Statt Menschen zu sein, sind wir zu »Arbeitstieren« geworden. Wir fühlen uns verpflichtet, ihm zu dienen, weil wir das Gefühl haben, dass wir Gott etwas schulden. Diese Schuldner-Mentalität bringt uns auf die Idee: »Ich muss etwas für Gott tun!«

Gott liegt mehr daran, wer du bist,
als daran, was du tust.

Wenn du Gott dein Herz gibst, wird er auch kein Problem damit haben, deinen Dienst zu bekommen. Aber dein Dienst kann niemals innige persönliche Gemeinschaft ersetzen! Wenn der Herr dein Herz hat, dann hat er auch dein Portemonnaie. Doch allein das, was du gibst, wird nie ein Ersatz für deine Anbetung sein. Das, was Gott will, bist du!

Einmal hörte ich einen Pastor leidenschaftlich predigen: »Die einzige Rechtfertigung für unsere Existenz ist, andere zum Herrn zu führen!« Wenn das wahr wäre, welche Rechtfertigung hätten dann Adam und Eva für ihre Existenz gehabt? Sie hatten niemanden, den sie zum Herrn führen konnten! Tatsächlich hatten sie keine Dämonen, die sie austreiben mussten, keine Kleidung, um die sie Gott im Glauben bitten konnten, und keine Nahrung, die sie »herbeibeten« mussten. Die Bitte »Unser tägliches Brot gib uns heute« galt für sie nicht, weil das Klima perfekt und die Versorgung reichlich war (Mt 6,11). Sie beteten auch nicht für die Heilung ihrer gebrochenen Herzen, schmerzlichen Erinnerungen oder gestörten Familien. Adam und Eva hatten nicht all die Probleme, die unsere gesamte Christenheit beschäftigen, und dennoch trafen sie sich täglich in der Kühle des Tages mit Gott, um seine Nähe zu genießen!

Du bist würdig, o Herr, zu empfangen den Ruhm und die Ehre und die Macht; denn du hast alle Dinge geschaffen, und zu deinem Wohlgefallen sind sie und wurden sie geschaffen.
— Offenbarung 4,11 KJV

Gott wollte dich und deshalb hat er dich erschaffen – zu seinem Wohlgefallen hat er dich erschaffen. Gott liebt dich und will dir zeigen, wie sehr er dich liebt, damit du dann sagen kannst: »Ich liebe dich auch!« Zu diesem Zweck wurdest du erschaffen, und nicht bloß, damit du etwas tust. Es ist wahr, Gott will, dass Dinge getan werden, aber dein Dienst ist ein Nebenprodukt deiner innigen Beziehung mit ihm.

Gott sehnt sich viel mehr nach dir als nach deinem Dienst!

Viele Bibelstellen offenbaren Gottes Missfallen daran, dass wir ihm unseren Dienst geben, aber nicht unser Herz. »Eure Opfer sind ein Gestank in meiner Nase. Ich kann sie nicht ausstehen; weg mit ihnen!« Opfer waren Dinge, die der Herr angeordnet hatte, aber sie stanken, weil sein Volk eine Herzensbeziehung durch Opfer zu ersetzen versuchte. »Es nützt dir nichts«, deinen ganzen Besitz zur Speisung der Armen auszuteilen – oder dich gar verbrennen zu lassen –, wenn dahinter nicht ein Herz voller Liebe steckt (1Kor 13). Du könntest in den Sprachen der Menschen und der Engel sprechen oder Glauben besitzen, der Berge versetzt, wenn dein Herz aber nicht mit Gott vereinigt ist, dann nützt es dir nichts. Wir haben nicht verstanden, wie sehr Gott uns will. Er sehnt sich viel mehr nach dir als nach deinem Dienst!

Sinn des Lebens

Vor fünfundzwanzig Jahren sandte mir eine Frau, nachdem sie diese Lehre im Radio gehört hatte, einen tränenbenetzten Brief aus dem Gefängnis:

Lieber Andrew,
ich sitze wegen Mordes in der Todeszelle. Seit ich mein Verbrechen begangen habe, bin ich von neuem geboren und mit dem Heiligen Geist erfüllt worden. Ich bin in Einzelhaft und kann mit niemandem reden. Das Essen schiebt man mir unter der Tür durch, und meine Zelle verlasse ich nie. Ich habe Gott jahrelang gebeten, mich zu töten, und gesagt: »Bitte, lass mich sterben und heimgehen!«

Mein ganzes Leben lang bin ich immer nur ein Problem gewesen! Ich habe Schande über meine Familie gebracht und meine Ehe zerstört. Meine Kinder sind beschämt und lehnen es ab, mich zu besuchen. Aber das ist ja nicht alles – ich habe jemanden getötet und seine Familie verletzt. Obwohl ich jetzt von neuem geboren bin und Gott liebe, bin ich doch nur eine Belastung für den Steuerzahler. Ich kam mir so lange Zeit wie ein Blutsauger vor, der besser tot und aus der Welt wäre. Wem konnte ich denn Zeugnis geben? Es gibt hier ja keine Wachen oder andere Insassen. Mein Leben hatte einfach keinen Sinn!

Dann hörte ich im Radio deine Lehre. Zum ersten Mal in meinem Leben verstand ich, dass ich von neuem geboren war, weil Gott mich liebt. Ich kann ihn wirklich preisen und ihm dienen, wenn ich sage: »Vater, ich liebe dich!« Jetzt hat mein Leben einen Sinn!

Zum ersten Mal in meinem Leben bin ich frei. Ich bin in dieser Gefängniszelle freier, als ich es mir jemals hätte vorstellen können!

Diese Schwester in Einzelhaft erlebte mehr Freiheit als die meisten Menschen, die nicht im Gefängnis sitzen. Und das, weil sie entdeckte, dass es bei ewigem Leben nur darum geht, Gott auf einer intimen persönlichen Ebene zu kennen!

Wenn du mit Gott vertraute Gemeinschaft pflegst, wird er gepriesen und du veränderst dich! Du wirst mit Stabilität und Stärke erfüllt. Anstatt bei der geringsten Gelegenheit innerlich zusammenzubrechen, kannst du nun mutig und ehrlich bekennen: »Komme, was da wolle, ich werde es schaffen, weil Gott mich liebt!« Wenn das für dein Leben als Christ nicht kennzeichnend ist, dann ist es an der Zeit, dich im Gebet nicht länger auf die Erfüllung deiner Bedürfnisse zu konzentrieren, sondern darauf, Gott gegenüber deine Liebe auszudrücken und ihn anzubeten!

KAPITEL 14

Du bist ein guter Papa!

Preise den Herrn, meine Seele, und all mein Inneres seinen heiligen Namen! — Psalm 103,1

Das bloße Aussprechen der Worte »Preise den Herrn« bedeutet nicht unbedingt, dass der Herr damit auch wirklich »gepriesen« wird.

Eine Kellnerin in Las Vegas wurde von neuem geboren und hörte dann, wie sich Menschen über die Taufe im Heiligen Geist unterhielten. Auf ihre Frage, was das sei, erklärte man ihr, es bedeute, mit der Kraft Gottes gefüllt zu werden und dann in neuen Sprachen zu reden. »Das klingt gut«, sagte sie und fragte: »Wie bekomme ich das?« Die Antwort war: »Bitte einfach darum und preise dann den Herrn.« Mit diesen mehr als spärlichen Informationen ging sie nach Hause.

Weil es ja um eine »Taufe« ging, ließ die Frau Wasser in die Badewanne ein und stellte überall im Raum Kerzen auf. Als sie dann in der Wanne saß, bat sie um diese »Taufe im Heiligen Geist« und wiederholte ständig die Worte: »Preis dem Herrn! Preis dem Herrn!« So hatte sie das, was man ihr gesagt hatte, verstanden. Sie glaubte, den Herrn zu »preisen«, bedeute einfach, diese bestimmten Worte zu wiederholen! Gott ehrte ihren kindlichen Glauben und taufte sie im Heiligen Geist, wobei er ihr an diesem Tag und in diesem Badezimmer eine völlig neue Gebetssprache gab. Aber es gehört viel mehr dazu, »den Herrn zu preisen«, als einfach nur diese Worte herzusagen.

Diene Gott

Den Herrn zu »preisen« bedeutet, ihm zu dienen. Wenn du von Herzen sagst: »Vater, ich liebe dich. Du bist ein guter Gott!«, dann ist das Lobpreis für ihn. In Apostelgeschichte 13,2 »dienten« die Propheten und Lehrer in Antiochia dem Herrn. Sie predigten ihm nichts vor und forderten ihn auch nicht auf, zu bereuen! Sie lobten und liebten ihn und beteten ihn an. Jeder der liebt, hat auch das Bedürfnis, zurückgeliebt zu werden. Wenn deine Liebe nicht erwidert wird, ist das traurig. Gott ist Liebe, und er liebt dich (1Joh 4,8). Wenn du ihn liebst, dann lobst oder preist du ihn, und du dienst ihm!

Als meine beiden Söhne fünf und sieben Jahre alt waren, nahm ich sie und ein paar ihrer Freunde eines Samstags auf einen Ausflug mit. Wir brachten den ganzen Tag mit Reiten zu, spielten in einem Bach und aßen Pizza und Hamburger (schließlich war Mama ja nicht da). Als der Tag zu Ende ging, wusch ich sie und brachte sie, nachdem wir zusammen gebetet hatten, ins Bett. Als ich das Licht ausmachte und das Zimmerverlassen wollte, sagte mein Jüngster: »Papa, du bist ein guter Papa!« Das war ein Lob für mich! Er sagte nicht: »Ich preise dich, Papa!«, sondern drückte auf seine Art »Danke!« und »Ich liebe dich!« aus. Da hätte ich ihn am liebsten gleich wieder aus dem Bett geholt und noch mal mit zum Reiten genommen!

Genauso geht es unserem himmlischen Vater. Es mag dir nicht bewusst sein, aber Gott braucht auch jemanden, der ihm dient. Er möchte, dass du ihn lobst, denn dazu hat er dich ursprünglich erschaffen. Bete deshalb: »Vater, du bist ein guter Papa und ein wunderbarer Gott! Danke für meine Gesundheit und dafür, dass ich in diesem Land leben darf; danke für meine Möglichkeiten und meine Arbeit.« Danke ihm, dass dein Leben so gut ist, statt es zu verfluchen und dadurch schlimmer zu machen. Gott wird sich durch deine Liebe und Anbetung so gesegnet fühlen, dass er dich am liebsten gleich wieder aus dem Bett holen und mit seinen Segnungen überhäufen möchte! Sie würden einfach auf dich kommen und dich regelrecht überwältigen. All die anderen Menschen würden Gott immer noch um eben die Dinge anbetteln und anflehen, die in deinem Leben, nur weil du ihn liebst, schon im Überfluss vorhanden sind.

Er möchte, dass du ihn lobst, denn dazu hat er dich ursprünglich erschaffen.

Verbringe fünfundneunzig Prozent deiner Gebetszeit mit Singen, Lobpreis und Anbetung. Versichere Gott: »Vater, ich liebe dich!« Erwähne dann beiläufig: »Übrigens, der Arzt meint, dass ich sterben werde, aber das ist gar nicht so schlimm. Denn es wäre großartig, bei dir zu sein. Und tatsächlich kann ich mich eigentlich nur schwer entscheiden, ob ich noch auf der Erde bleiben will oder nicht, weil du so wunderbar bist!« Anstatt die ganze Zeit damit zuzubringen, Angst zu binden und mit geballten Fäusten zu bitten: »O Gott, hilf mir zu glauben!«, würdest du sagen: »Vater, ich gewinne so oder so, ob ich nun sterbe oder geheilt werde. Ich kann gar nicht verlieren!« Diese Einstellung solltest du haben. Alles andere würde dann keine Rolle mehr spielen!

Das ist nicht nur etwas für »Superheilige«, das ist das Einstiegsniveau für Babychristen. Sobald jemand von neuem geboren wird, sollte man ihm erklären: »Du wurdest für Intimität mit Gott geschaffen. Jetzt, da du errettet bist, kannst du deine Berufung erfüllen, indem du die wunderbare Liebe erwiderst, die Gott dir erwiesen hat. Und während du dann unablässig seine Liebe empfängst und ihm deine Liebe gibst, wecke Menschen von den Toten auf, treibe Dämonen aus, heile die Kranken und lass nebenbei deine Bedürfnisse stillen!« Wirklich, diese Dinge sind nur nebensächlich. Wenn du eine solche Haltung entwickeln würdest, könnte nichts dich aufhalten!

Gott tritt den Takt

Und es erschien dem Paulus in der Nacht ein Gesicht: Ein mazedonischer Mann stand da und bat ihn und sprach: Komm herüber nach Mazedonien und hilf uns!
— Apostelgeschichte 16,9

Durch die Vision, die in Apostelgeschichte 16,9 aufgezeichnet ist, führte Gott Paulus und Silas übernatürlich nach Philippi (in der Provinz Mazedonien). Dort wurden sie schon in den ersten achtundvierzig Stunden nach ihrer Ankunft fast zu Tode geprügelt und in das tiefste Gefängnisverlies geworfen. Hier an diesem stockdunklen, mit Ratten und Krankheiten verseuchten Ort fingen sie dann an zu singen. Diese Männer priesen Gott, obwohl ihre Hände angekettet und ihre Füße in den Block geschlossen waren und sie ihre Wunden nicht versorgen konnten!

Manche Christen disziplinieren sich dazu, Gott in schlimmen Situationen mit zusammengebissenen Zähnen zu »preisen«. Sie wissen, dass Kraft freigesetzt wird, wenn der Herr gepriesen wird, »um zum Schweigen zu bringen den Feind und den Rachgierigen« (Ps 8,3). Obwohl sie es vielleicht nicht wirklich von Herzen ernst meinen, betreiben sie »geistliche Kampfführung«. Da Lobpreis Dämonen vertreibt, üben sie sich darin, diese Probleme geradewegs aus ihrem Leben »hinauszupreisen«. Also, wenn das der wichtigste Grund für dich ist, Gott zu preisen, dann ist das immerhin noch besser, als zu meckern und sich zu beklagen!

Als Paulus und Silas den Herrn anbeteten, begann Gott mit seinem Fuß den Takt zu treten. Das verursachte ein Erdbeben, das ihren Block zerbrach und die Türen aller Gefängniszellen öffnete. Anstatt jedoch zu fliehen, blieben Paulus und Silas. Wie konnte so etwas nur geschehen? Hier ist eine radikale Wahrheit: Paulus und Silas priesen Gott nicht bloß, um ihrem Problem zu entkommen; sie liebten ihn wirklich! Mit zerfetztem Rücken und knöcheltief im Unrat, priesen sie weiterhin den Herrn und genossen seine herrliche Gegenwart.

Heutzutage wären die meisten Christen so schnell wie möglich aus diesem Gefängnis geflohen. Wir lieben Gott einfach nicht so! Bei anderer Gelegenheit verließen die Jünger, nachdem sie geschlagen worden waren, die jüdische Ratsversammlung und dankten dem Herrn und priesen ihn dafür, dass sie würdig erachtet worden waren, für seinen Namen Schmach zu leiden (Apg 5,41). Petrus wurde für seinen Glauben kopfüber gekreuzigt. Er hielt sich für unwürdig, in derselben Position wie Jesus ans Kreuz geschlagen zu werden. Wir lieben unser Ego so sehr, dass uns jeder andere egal wäre, weil wir nur über unseren eigenen Verlust nachdenken würden. Wir müssen aus dieser Haltung heraustreten und erkennen, dass es beim christlichen Glauben nur darum geht, Gott zu lieben.

Gebet dient vorrangig dazu, die eigene Liebe zu Gott auszudrücken und ihn anzubeten. Wenn du zuerst sein Reich suchen und einfach mit ihm Gemeinschaft haben würdest, dann würdest du feststellen, dass für deine Bedürfnisse bereits gesorgt wurde. Du hättest keine »Probleme«, weil dich nichts aus der Ruhe bringen könnte. Anstatt deprimiert zu sein, wäre die Freude am Herrn deine Stärke!

> *Du wirst mir kundtun den Weg des Lebens; Fülle von Freuden ist vor deinem Angesicht, Lieblichkeiten in deiner Rechten immerdar. — Psalm 16,11*

Wenn du deprimiert bist, hältst du dich nicht in der Gegenwart des Herrn auf. Gott ist zwar mit dir, doch du bist nicht mit ihm, weil du von irgendetwas anderem in Anspruch genommen wirst. Komm in Gottes Gegenwart zurück und du wirst Freude in ganzer Fülle finden!

Einmal kamen Jamie und ich erst gegen Mitternacht von einer internationalen Missionsreise nach Hause zurück und legten uns sofort schlafen. Vier Stunden später klingelte das Telefon. Es war unser ältester Sohn Joshua. Er sagte: »Papa, es tut mir leid, dir das mitteilen zu müssen, aber Peter ist tot.«

»Tot? Was ist passiert?« Er schilderte mir alles, und ich stellte fest: »Der erste Bericht ist noch lange nicht der letzte!« Nachdem ich aufgelegt hatte, ergriffen Jamie und ich ungefähr dreißig Sekunden lang Autorität und befahlen, dass Leben in unseren Sohn zurückkehre. Auf unserem ganzen Weg nach Colorado Springs priesen wir Gott dann einfach nur, beteten ihn an und drückten ihm gegenüber unsere Liebe aus.

Ich hatte dieselben Gedanken und Gefühle wie wohl jeder andere. Weil mein Herz jedoch so sehr auf den Herrn fixiert war, konnte ich gar nicht anders, als zu beten: »Vater, ich weiß, dass du meinen Sohn nicht getötet hast, denn du bist ein guter Gott! Das ist nicht dein Wille. Ich liebe dich so sehr! Danke, dass du so ein guter Gott bist!« Den ganzen Weg hinunter nach Springs ließ ich nicht ab, ihn zu preisen und anzubeten und ihm zu danken. Wie wir dann erfuhren, war Peter schon seit fünf Stunden tot gewesen und bereits schwarz, aber fünf Minuten, nachdem wir angefangen hatten zu beten, richtete er sich einfach wieder auf. Gott hatte unseren Sohn von den Toten auferweckt! Halleluja! Danke, Jesus!

»Papa, es tut mir leid, dir das mitteilen zu müssen, aber Peter ist tot.«

In meinem Gebetsleben geht es nur darum, Gott zu lieben. Ich bitte nicht um viel und tue auch nicht viel, aber es geschehen große Dinge. Mein Leben als Christ macht Spaß und ich rege mich über nichts auf. Sorge ist ohnehin nur Lästerung gegen Gottes Verheißungen und rührt daher, dass wir mit ihm nicht sonderlich vertraut sind. Mir ist klar, dass dieser Weg zu beten deinem momentanen Konzept womöglich nicht entspricht, wenn du jedoch keine besseren Ergebnisse erzielst, solltest du ihn vielleicht einfach einmal ausprobieren!

»Danke gleichfalls, Andrew!«

Was ich dir hier mitteile, ist einfach und doch sehr tiefgründig. Natürlich ist es anstrengend, sich selbst zurückzustellen und sich auf die Liebe zu Gott zu konzentrieren. Ich habe jedoch festgestellt, dass ich selbst mehr gesegnet werde als Gott, wenn ich ihm diene! Ich bin mir nicht ganz sicher, wie das funktioniert, aber Gott erlaubt mir nie, ihn zu übertreffen. Wenn ich den Herrn preise, habe ich so viele Emotionen, wie ich verkraften kann. Er sorgt für mich und ist gut zu mir – viel mehr, als ich es verdiene. Ich verbringe meine Zeit damit, Gott zu lieben!

Manchmal bete ich ein oder zwei Stunden lang nur in Sprachen. Meistens tue ich das, wenn ich auf einem bestimmten Gebiet Weisheit brauche. Ich bete dann im Geist, um sie dort herauszuziehen. Doch selbst dann preise ich Gott, weil ich weiß, dass die Antwort unterwegs ist!

Weil du Gott fortwährend preist und ihm dankst, solltest du es nie nötig haben, zu heulen und zu schreien. »Lasst … mit Danksagung eure Anliegen vor Gott kundwerden« (Phil 4,6 SLT). Dieser Gebetsansatz lässt Probleme so weit zusammenschrumpfen, dass sie buchstäblich keine große Sache mehr sind.

Ein Buch mit einer solchen Botschaft wird normalerweise kein Bestseller. Könnte ich ein anderes mit dem Titel *Sieben Schritte, wie man Gott zum Handeln bringt* anbieten, dann würde es jeder kaufen, weil Menschen daran wirklich interessiert sind. Die besten Ergebnisse resultieren jedoch daraus, dass man es zur höchsten Priorität im Leben macht, Gott zu danken, ihn zu lieben, zu loben, zu preisen und anzubeten, was einfach bedeutet, den ganzen Tag mit ihm im Zwiegespräch zu bleiben!

Nichts, was diese Welt bietet, ist auch nur ansatzweise mit der Erfahrung vergleichbar, Gottes Wohlgefallen zu erleben. Ich erinnere mich, dass Jamie und ich einmal nach einer Veranstaltung mit Kathryn Kuhlman einfach auf unseren Plätzen blieben. Wir waren die beiden Letzten, konnten aber wegen der Gegenwart Gottes einfach nicht aufstehen und den Saal verlassen. Menschenleben waren vor meinen Augen auf wunderbare Weise körperlich und emotional verwandelt worden. Leidende Menschen waren mit dem lebendigen, liebenden, heilenden Gott in Berührung gebracht worden. Ich war völlig überwältigt!

Dieser Gebetsansatz lässt Probleme so weit zusammenschrumpfen, dass sie buchstäblich keine große Sache mehr sind.

Seitdem bin ich schon viele Male genauso überwältigt gewesen. Ich erinnere mich noch, dass ich einmal nach einem meiner Seminare zum Motel zurückfuhr und Gott dafür dankte, wie wunderbar er war, und für die Art und Weise, wie er durch mich gewirkt und das Leben von Menschen berührt hatte. Da hörte ich ihn antworten: »Danke gleichfalls, Andrew! Ich schätze es, dass du mir erlaubst, dich zu gebrauchen.« Das hat mich wirklich gefreut! Du denkst jetzt vielleicht: *So etwas würde Gott nie sagen!* Aber sicher würde er das! Du kennst ihn nur nicht besonders gut. Gott ist gut, und er liebt und schätzt uns.

Bereit für Veränderung?

Gott liebt dich nicht nur; er hat dich auch richtig gern! Das hast du ihn vielleicht noch nicht sagen hören, aber es ist wahr. Er ist nicht bloß dein Schöpfer, der sich verpflichtet gefühlt hat, für deine Errettung zu sorgen. Gott schätzt dich. Wenn du ihm sagst, wie sehr du ihn liebst, und dann aus seinem Mund dasselbe hörst, dann ist das eine beglückende Erfahrung!

Wenn du wirklich im Kern verstehen könntest, was ich dir hier vermitteln möchte, würde das dein gesamtes Gebetsleben verwandeln. Alles in deinem Leben würde sich verändern und du würdest ein vollkommen anderer Mensch. Es kommt nur darauf an, Gott zu lieben. Alles andere ist Nebensache!

Hast du das eigentliche Ziel der Errettung verfehlt? Wolltest du nur wiedergeboren werden, um der Hölle zu entgehen? Hast du jemals Gottes Liebe und seine Sehnsucht nach Vertrautheit und Nähe wahrhaft verstanden? Sicherlich sagst du hin und wieder »Danke schön«, aber du benutzt Gebet nicht in erster Linie dazu, um Gott zu preisen und anzubeten. Du hast dich auf etwas anderes konzentriert. Lieber Freund, falls das auf dich zutrifft, musst du umkehren und den nächsten Schritt tun, um das wahre Ziel der Errettung zu empfangen. Du musst damit anfangen, Gott gegenüber deine Liebe auszudrücken und ihn anzubeten!

Jeder von uns kann Gott mehr lieben, aber hast du das jemals zu einem festen Entschluss deines Herzens gemacht? Widmest du dich vor allem dir selbst und betest für die Erfüllung deiner eigenen Bedürfnisse? Vielleicht betest du manchmal sogar auch für andere, doch in Wahrheit liebst du Gott nicht auf diese Weise. Trifft das auf dich zu? Bist du dann bereit für Veränderung?

... denn ich weiß, wem ich geglaubt habe, und bin überzeugt, dass er mächtig ist, mein anvertrautes Gut bis auf jenen Tag zu bewahren. — 2. Timotheus 1,12

Gott hat versprochen, das, wozu du dich fest entschlossen und was du ihm anvertraust hast, zu bewahren. Wenn du ihm nichts anvertraust, kann er auch nichts bewahren. »Aber, Andrew, ich bin mir nicht sicher, ob ich das halten kann!« Sei unbesorgt, du kannst es nicht! Du wirst ab und zu versagen, wenn du aber diese Verpflichtung eingehst, wird Gott dich treu daran erinnern.

Es ist wichtig, dass du dir nun einen Moment Zeit nimmst, dich demütigst und auf das reagierst, was du gerade gelesen hast. Ich möchte dich dazu ermutigen, das genau jetzt zu tun, bevor du zum nächsten Kapitel übergehst oder etwas anderes machst. Der Heilige Geist hat sich mit dir befasst. Jetzt ist es an der Zeit, sich ihm zu überlassen und zu sagen: »Ja, Herr!« Glaube mir, du wirst richtig glücklich sein, wenn du das gemacht hast!

KAPITEL 15

Antworte dem Feigenbaum

Markus 11 enthält einige gewaltige Lektionen darüber, wie man von Gott im Gebet empfängt.

> *Und als sie am folgenden Tag von Bethanien weggegangen waren, hungerte ihn. Und er sah von weitem einen Feigenbaum, der Blätter hatte, und er ging hin, ob er wohl etwas an ihm fände; und als er zu ihm kam, fand er nichts als Blätter, denn es war nicht die Zeit der Feigen. Und er antwortete und sprach zu ihm: Nie mehr in Ewigkeit soll jemand Frucht von dir essen! Und seine Jünger hörten es.*
> *— Markus 11,12–14*

Wenn ein Feigenbaum Blätter hat, sollte er auch Feigen tragen. Feigenbäume bringen vor oder gleichzeitig mit dem Austreiben der Blätter Früchte hervor. Jesus ging zu dem Baum, weil er Blätter sah und hungrig war und damit rechnete, einige Feigen pflücken zu können. Als er keine fand, verfluchte er den Baum und befahl ihm abzusterben.

Viele Menschen fragen sich, warum der Herr über den Feigenbaum so aufgebracht war, wenn es doch noch nicht die Zeit für Feigen war. Der Grund ist, dass Jesus der Schöpfer der Feigenbäume ist. Er ist derjenige, der sie so geschaffen hat, dass sie Feigen tragen, bevor sie Blätter treiben. Dieser Feigenbaum hatte Jesu Befehl missachtet. Er war widernatürlich. Er war heuchlerisch. Er versprach etwas, das er nicht besaß. Deshalb wurde Jesus zornig und verfluchte ihn.

Beachte, dass der Herr dem Feigenbaum »antwortete«. Der Baum hatte also zu ihm gesprochen! Man kann nicht antworten, wenn man nicht vorher angesprochen worden ist. Dieser Baum hatte Jesus erzählt, dass er Feigen besäße, obwohl er in Wirklichkeit keine hatte. Er war ein Lügner. Deshalb sprach Jesus ihn direkt an: »Nie mehr in Ewigkeit soll jemand Frucht von dir essen! Und seine Jünger hörten es« (Mk 11,14).

> *Und als sie frühmorgens vorbeigingen, sahen sie den Feigenbaum verdorrt von den Wurzeln an. — Markus 11,20*

In Matthäus 21,19 berichtet die Bibel, dass der Feigenbaum sogleich, *auf der Stelle* verdorrte, als Jesus zu ihm sprach, auch wenn die Jünger das Resultat nicht vor dem nächsten Morgen sahen. Genau in dem Moment, als Christus sprach, fand das Wunder statt, und der Feigenbaum starb ab. Weil der Baum jedoch von den Wurzeln an verdorrte, brauchte das, was unter der Erde geschehen war, annähernd zwölf Stunden, um sich über der Erde zu manifestieren. Das ist ein wunderbares Bild dafür, was im Gebet geschieht!

Mehr, als offensichtlich ist

Gott ist Geist, und er bewegt sich in der geistlichen Dimension. Oft dauert es eine Weile, bevor sich das, was Gott in der geistlichen Welt getan hat, in der physischen Welt manifestiert. Ich bin erstaunt darüber, wie viele Menschen das nicht wissen. Die meisten Christen meinen, wenn Gott etwas geschehen lassen will, dann – zack! – geschieht es auch sofort. Sie verstehen die Einschränkungen und

Begrenzungen nicht, mit denen Gott bei der Beantwortung von Gebet umzugehen hat.

Oft dauert es eine Weile, bevor sich das, was Gott in der geistlichen Welt getan hat, in der physischen Welt manifestiert.

Als der Herr die Himmel und die Erde schuf, setzte er bestimmte Gesetze in Gang. Er selbst hält sich an diese Gesetze. Aus diesem Grund dauert es oft eine Weile, bis sich das, was im Geist schon zutrifft, im physischen Bereich manifestiert. Gott befahl zum Beispiel in Daniel 9 einem seiner mächtigsten Engel, Gabriel, Daniels Gebet zu beantworten. Gabriel brauchte nur ungefähr drei Minuten, um zu erscheinen und den Befehl des Herrn auszuführen. In Daniel 10 brauchte Gottes Bote einundzwanzig Tage, um mit Daniels Antwort zu erscheinen. Warum beantwortete Gott das eine Gebet in drei Minuten und das nächste in drei Wochen? Das tat er gar nicht. Gott beantwortete beide Gebete umgehend, aber beim ersten Mal brauchte der Bote für sein Erscheinen drei Minuten und beim zweiten Mal drei Wochen. Gott war nicht die Variable, er ist beständig. In beiden Fällen erging die Anordnung sofort von seinem Thron, sobald die Bitte im Gebet vorgebracht worden war. Hier passiert einfach mehr, als wir bisher verstanden haben.

Gottes Wort verspricht dir Wiederherstellung, aber nicht, dass sie sich augenblicklich sichtbar einstellt. Markus 16,18 erklärt: »Schwachen werden sie die Hände auflegen, und sie werden sich wohl befinden.« Die Vorstellung: »Wenn Gott nur wollte, dann könnte ich geheilt werden und diese Symptome würden augenblicklich verschwinden!«, kann anhand der Bibel nicht belegt werden. Wie schnell man seine Heilung erfährt, hängt vielmehr von vielen Faktoren ab.

Nachdem ich mit einer Aids-kranken Frau gebetet hatte, konnte ich feststellen, dass die Krankheit ihren Körper verlassen hatte. Also setzte ich die Salbung Gottes frei, damit sie den durch die Krankheit geschädigten Körper der Frau wiederherstellte. Ich erklärte ihr: »Ich glaube, dass du völlig von Aids geheilt bist. Aber auch wenn die Infektion restlos aus dir verschwunden ist, muss sich dein Körper dennoch von dem Schaden erholen, den die Krankheit angerichtet hat. Ich weiß nicht, was alles damit zusammenhängt, aber du solltest deinem Körper Zeit gönnen, sich wieder aufzubauen. Deine völlige Wiederherstellung könnte noch einige Tage in Anspruch nehmen.«

Wenn du Gebet empfängst und kein sofortiges Ergebnis siehst, widerstehe der Versuchung, anzunehmen: *Es ist wohl nichts passiert!* Selbst wenn du dich noch schwach fühlst, kann das Übel schon völlig aus deinem Körper verschwunden sein. Vieles passiert unter der Oberfläche, wo du es nicht sehen kannst. Wenn du versuchst, lediglich durch die Wahrnehmungen deiner fünf Sinne zu erkennen, ob Gottes Kraft wirksam wurde oder nicht, dann entgehen dir die Dinge Gottes!

Vieles passiert unter der Oberfläche,
wo du es nicht sehen kannst.

Glauben an Gott

Obwohl Jesus zu dem Feigenbaum sprach und das Ereignis augenblicklich eintraf, waren die Folgen erst zwölf Stunden später sichtbar. Manchmal dauert es eine gewisse Zeit, bis sich das, was Gott bereits vollbracht hat, auf der physischen Ebene manifestiert.

> *Und Petrus erinnerte sich und spricht zu ihm: Rabbi, siehe, der Feigenbaum, den du verflucht hast, ist verdorrt. — Markus 11,21*

Petrus war schockiert, als er den Feigenbaum am nächsten Morgen sah! Beim Lesen der Bibel übersehen wir allzu oft, wie es für diejenigen gewesen sein muss, die damals alles »live« miterlebten. Wahrscheinlich wärst du ganz schön beeindruckt, wenn ich auf einem gemeinsamen Spaziergang mit dir im Vorübergehen einem Baum befehlen würde: »Stirb, im Namen Jesu!«, und du diesen Baum dann am nächsten Tag verdorrt und abgestorben vorfändest. Da würdest du doch bestimmt etwas sagen, oder? Petrus erwähnte diese Angelegenheit nicht nur beiläufig; er war überwältigt! »Jesus, schau dir nur den Feigenbaum an!«

Der Herr benutzte diesen lehrreichen Moment, um zu veranschaulichen, wie Gebet funktioniert:

> *Und Jesus antwortete und spricht zu ihnen: Habt Glauben an Gott! — Markus 11,22*

Das Wunder geschah durch Glauben an Gott. Glaube ist eine gewaltige Kraft, aus der du jedoch nur dann Nutzen ziehen kannst, wenn du ihn auch anwendest.

Glaube wird von Gesetzen beherrscht (Röm 3,27). Genau wie der natürliche Bereich funktioniert auch der geistliche Bereich nach Gottes übernatürlich eingesetzter Ordnung. Unwissenheit fragt: »Warum hat Gott diesem Menschen nicht geholfen? Warum hat er ihn sterben lassen?« Heilung, Befreiung, Wohlstand und Errettung »passieren« nicht einfach. Man muss geistlichen Gesetzen gehorchen, um die gewünschten Ergebnisse zu erzielen.

Selbst auferlegte Beschränkungen

Elektrizität wird von Naturgesetzen beherrscht. Zum Beispiel ist Kupfer ein besserer Leiter für elektrischen Strom als Gummi. Gott hat das einfach so eingerichtet. Indem wir die Gesetze der Elektrizität anwenden, können wir ihre Kraft kanalisieren und sie zu unserem Vorteil nutzen. Bevor wir diese Gesetze jedoch verstanden hatten und anwenden konnten, mussten wir ohne Elektrizität auskommen.

Tausende von Jahren lebten Menschen ohne die Vorteile der Elektrizität. Das lag nicht an Dummheit, sondern an Unwissenheit. Zu allen Zeiten lebten geniale Menschen, jedoch wussten sie einfach nicht, was elektrischer Strom war und wie er funktionierte. Obwohl es Elektrizität auf der Erde gibt, seit Gott sie geschaffen hat, musste der Mensch erst die Gesetze entdecken, denen sie gehorcht, bevor er sie nutzen konnte.

Stell dir vor, man hätte Elektrizität zur Blütezeit Ägyptens, in den Tagen Salomos oder zu Lebzeiten Jesu genutzt. Sie war schon da, aber Unwissenheit hinderte die Menschen daran, sie zu nutzen. So hat es zum Beispiel auch die Grundstoffe, die ein Smartphone funktionieren lassen, schon immer gegeben. Doch erst vor gar nicht so langer Zeit wurden wir in die Lage versetzt, die

Technologie zu deren Verwendung zu entwickeln. Wenn uns nicht unsere Unwissenheit im Weg gestanden hätte, hätten viele Dinge, die wir heute tun, schon wesentlich früher getan werden können.

Technische Fortschritte werden möglich, wenn wir die Naturgesetze entdecken, die ihnen zugrunde liegen. Eines Tages werden wir in der Lage sein, Autos mit Wasserantrieb zu bauen. Dann werden wir rückblickend denken, dass es von Unwissenheit zeugte, Benzin als Treibstoff zu verwenden. Der einzige Grund, warum wir nicht schon jetzt in den Genuss dieser Dinge kommen, ist der, dass wir die entsprechenden Gesetze noch nicht entdeckt haben.

Gott kontrolliert sich selbst und das von ihm geschaffene Universum durch die Gesetze, die er in Existenz gesprochen hat. Diese Gesetze bestimmen, wie er wirkt. Es würde einfach keinen Sinn machen, wenn der Eine, der diese physikalische Welt mit so viel Ordnung geschaffen hat (die Gesetze der Elektrizität, der Schwerkraft usw.), selber chaotisch und unorganisiert wäre. Christen sagen mir oft: »Natürlich habe ich gebetet!« Aber hast du richtig gebetet? »Ich weiß nicht, ob ich es richtig gemacht habe, aber wenn Gott wollte, könnte er mich einfach heilen!« Sie denken, Gott unterliege keinerlei Beschränkungen. Zugegeben, diese Beschränkungen sind selbst auferlegt, aber nichtsdestoweniger sind es Beschränkungen. Gott hält sich an seine eigenen Gesetze!

Befolge seine Richtlinien

Ich werde meinen Bund nicht entweihen und nicht ändern, was hervorgegangen ist aus meinen Lippen. — Psalm 89,35

Wenn Gott sein Wort gibt, bricht er es nie. Er sagt nie etwas, das er nicht meint, und er meint immer, was er sagt. Als der Herr zum

Beispiel sagte: »Widersteht aber dem Teufel! Und er wird von euch fliehen« (Jak 4,7), hat er dir damit ein ungeheures Privileg gegeben. Damit hat Gott sich jedoch auch selbst begrenzt, weil es jetzt deine Verantwortung ist, dem Teufel zu widerstehen, und nicht seine.

Wenn Gott sein Wort gibt, bricht er es nie.

Weil dir die Autorität gegeben wurde, wird Gott den Feind nicht für dich zurückweisen. Das Gebet: »O Gott, bitte schaff mir den Teufel vom Hals!«, funktioniert nicht. Dadurch, dass der Herr sein Wort sprach, legte er ein Gesetz fest. *Du* musst dem Teufel widerstehen, und er wird von dir fliehen. Du kannst es so ernst meinen, wie du willst, aber Freiheit von dämonischer Unterdrückung kommt solange nicht, bis du Gottes Richtlinien befolgst. Du musst die Autorität ausüben, die Gott dir gegeben hat, oder es funktioniert nicht!

Ein weiteres Gesetz ist: Du wirst das haben, was du sprichst.

> *Von der Frucht des Mundes eines Mannes wird sein Inneres satt, am Ertrag seiner Lippen isst er sich satt. Tod und Leben sind in der Gewalt der Zunge, und wer sie liebt, wird ihre Frucht essen. — Sprüche 18,20–21*

Leben und Tod sind in der Gewalt der Zunge. Du wirst das haben, was du sagst! (Mt 12,34; Mk 11,23; Jak 3,2–12.)

Viele Menschen sehnen sich danach, geheilt zu werden, sprechen aber alle möglichen negativen Dinge aus. Sie sagen, was der Arzt ihnen erklärt hat, wie sich ihr Körper anfühlt und wie die Meinung anderer Menschen lautet, und dann wundern sie sich, warum sie nicht erleben, dass sich Gottes Heilungskraft in ihrem Leben manifestiert. Es existieren geistliche Gesetze, die zuverlässig funktionieren!

Bring dich nicht selbst um!

Dieselben Gesetze, die nutzbringend sind, können auch töten! Wenn du eine freiliegende Leitung berührst, durch die elektrischer Strom fließt, bekommst du einen Schlag. Abhängig von der Stromstärke könntest du sogar getötet werden. Das liegt nicht etwa daran, dass du deinem Stromversorger nicht sympathisch bist und er deshalb sagt: »Wir bestrafen dich, weil du dieses blanke Kabel berührt hast!« Nein. Es ist keine persönliche Sache, es ist einfach das Gesetz. Das Elektrizitätswerk produziert Strom zu deinem Nutzen und nicht, um dich umzubringen!

Gott hat auch die Schwerkraft zu deinem Nutzen erschaffen. Sie ermöglicht es dir, in deinem Sessel zu sitzen, ohne ihn am Boden festschrauben und dich anschnallen zu müssen. Anstatt dich ständig bemühen und anstrengen zu müssen, damit du nicht davonschwebst, könntest du, wenn du wolltest, einfach in deinem Sessel einschlafen. Wenn du das Gravitationsgesetz jedoch missachtest und vom Empire State Building springst und in einem kläglichen Flugversuch mit deinen Armen flatterst, dann wird dasselbe Naturgesetz (das zu deinem Vorteil dienen sollte) dich umbringen. Das war dann nicht persönlich gemeint. Es spielt wirklich keine Rolle, ob es dir an Verstand gefehlt hat oder ob du absichtlich nicht kooperiert hast. Das Ergebnis ist dasselbe, weil du gegen ein Naturgesetz verstoßen hast. Nicht Gott hat es getan, du hast dich selbst umgebracht!

Es ist ignorant zu sagen: »Mensch, ich fühle mich immer schlechter. Der Arzt sagt, dass ich in zwei Wochen tot sein werde. Ich sterbe!«, und dann im selben Atemzug zu beten: »Gott, bitte heile mich Jesus zuliebe, wenn es dein Wille ist, amen.« Doch genau das tun Menschen und sind dann anschließend oft wütend auf Gott, weil sie sich fragen, warum sie nicht geheilt werden. Sie verstoßen permanent gegen die Gesetze des Glaubens und bringen sich, indem sie diese Worte des Unglaubens aussprechen, langsam aber sicher selber um!

Gott wird seine Gesetze – ob physikalisch oder geistlich – nicht außer Kraft setzen, nur weil du es gut gemeint hast!

Gott wird nicht gegen sein Wort verstoßen! Er wird nicht für einen Menschen, der vom Empire State Building aus einen Flugversuch unternimmt, die Schwerkraft aufheben. Es spielt keine Rolle, wie ernst diese Person es meint oder wie gut sie ist; Schwerkraft ist ein Naturgesetz. Würde der Herr für diesen einen »Flieger« die Gravitation außer Kraft setzen, müssten Millionen anderer Menschen sterben, weil sie von der Schwerkraft abhängig sind. Gott wird seine Gesetze – ob physikalisch oder geistlich – nicht außer Kraft setzen, nur weil du es gut gemeint hast!

Sprich du zu ihm!

Und Jesus antwortete und spricht zu ihnen: Habt Glauben an Gott! Wahrlich ich sage euch: Wer zu diesem Berg sagen wird:

Hebe dich empor und wirf dich ins Meer!, und nicht zweifeln wird in seinem Herzen, sondern glauben, dass geschieht, was er sagt, dem wird es werden. — Markus 11,22–23

Der Herr befiehlt uns, zu unserem Problem zu sprechen. Das ist eine Wahrheit über Gebet, die den meisten Menschen entgangen ist. Sprich zu dem Berg!

Die meisten Christen sprechen mit Gott über ihren Berg, anstatt zu ihrem Berg über Gott zu sprechen. Der »Berg« steht für jedes deiner Probleme. Jesus erklärte: »Sprich zu deinem Berg und befiehl ihm, sich ins Meer zu werfen!« Der Durchschnittschrist betet so: »Gott, ich habe da diesen Berg. Würdest du ihn bitte für mich entfernen?« Der Herr aber hat *dir* befohlen, *zum Berg* zu sprechen und nicht zu ihm. Was auch immer dein Berg sein mag – *sprich zu ihm!*

Anlass für diese Lehre Jesu war allein der tote, vertrocknete Feigenbaum. Am Vortag hatte er noch zu Jesus gesprochen. Doch der Herr antwortete und der Baum sprach nie mehr. Habe Glauben an Gott!

Der Herr aber hat ***dir*** *befohlen,*
zum Berg *zu sprechen und nicht zu ihm.*
Was auch immer dein Berg sein mag – ***sprich*** *zu ihm!*

KAPITEL 16

Sprich zu deinem Berg!

Darum sage ich euch: Alles, um was ihr auch betet und bittet, glaubt, dass ihr es empfangen habt, und es wird euch werden.
— Markus 11,24

Als Jesus über diesen Feigenbaum betete, richtete er an keiner Stelle irgendeine Bitte oder Anfrage an Gott (Mk 11,14). Stattdessen übte er seine Autorität aus, glaubte und sprach zu dem Problem und nannte das »Gebet«.

Der Zweck von Gebet ist nicht, den »armen, schlecht informierten« Gott auf dem Laufenden zu halten! Dein himmlischer Vater weiß schon, was du brauchst (Mt 6,8). Es ist widersinnig, ihm zu erklären, was der Arzt gesagt hat, wie schlecht du dich fühlst und dass auch schon Tante Clara daran gestorben ist. Sitz nicht einfach nur meckernd und klagend herum; der Herr hat es bereits vollbracht! Durch seine Striemen bist du geheilt worden (1Petr 2,24)!

Wahrscheinlich fragst du dich: »Wenn Gott mich in der geistlichen Dimension schon geheilt hat, wie muss ich dann beten, um zu erleben, dass sich diese Heilung hier in der physischen Dimension zeigt – da, wo ich sie brauche? Zuallererst zieh mit Dank in seine Tore ein (Ps 100,4). Fang damit an, ihn für die Tatsache zu loben und zu erheben, dass es bereits vollbracht ist. Das baut deinen Glauben auf und ermutigt dich. Sag: »Vater, ich danke dir, dass ich durch die Striemen Jesu geheilt worden bin. Im Glauben empfange ich diese Heilung jetzt!« Wende dich dann deinem körperlichen

Problem zu, was immer es auch sein mag, und rede zu ihm. Sprich nicht bloß mit Gott über das Problem, sondern preise den Herrn für das, was er nach Aussage seines Wortes bereits getan hat, und sprich dann direkt zu deinem Problem.

»Warum ist das nicht weggegangen?«

Mary Hill ist ein klassisches Beispiel dafür, wie man diese Wahrheit anwendet. Im September 2001 diente ich in Charlotte, North Carolina. Während meines Aufenthaltes dort gab ich der Familie, die mich in ihrem Haus beherbergte, eine Videokassette mit dem Titel, »Niki Ochenski: Die Geschichte eines Wunders«. Ich ermutigte sie, sich diese inspirierende Geschichte über die Heilung einer jungen Frau anzuschauen. Als ich am selben Tag zurückkam, saß die Frau weinend auf der Couch. Sie hatte sich das Video schon angeschaut. Jetzt fragte sie mich: »Könntest du für meine Freundin beten, die genau dasselbe hat wie Niki?« Nachdem ich mich einverstanden erklärt hatte, teilte meine Gastgeberin mir mit, dass die Frau schon auf dem Weg war!

Zehn Minuten später traf Mary Hill ein. Sie war in mit Magnetfolie gefütterte Decken gehüllt. Überall an ihrem Körper waren noch zusätzliche Magnete befestigt. Bereits im Jahr 1994 hatten die Ärzte festgestellt, dass Marys Schmerzen, auf einer Schmerzskala von null bis zehn gemessen, permanent auf Stufe elf lagen. Alles tat ihr weh, und sie konnte nichts dagegen tun!

Gleich zu Anfang unseres Gesprächs erklärte mir Mary, sie wisse, dass Gott mit all dem einen Zweck verfolge und es ihm zur Ehre diene. Ich verbrachte daraufhin ungefähr dreißig Minuten damit, ihre religiöse Glaubensüberzeugung anhand von Gottes Wort zu widerlegen. Schließlich war sie soweit, dass ich für sie beten konnte.

Ich ergriff Marys Hände und befahl im Namen Jesu sämtlichen Schmerzen, ihren Körper zu verlassen. Und – bumm! – augenblicklich war sie zum ersten Mal seit sieben Jahren schmerzfrei!

Erstaunt fing sie an, Gott zu preisen. Dann hielt sie inne und stellte fest: »Ich habe hier immer noch so ein Brennen im Lendenwirbelbereich, warum ist das nicht weggegangen?«

»Weil ich zu dem ›Brennen‹ nicht gesprochen habe«, erklärte ich ihr. »Du hast mir erzählt, du hättest ›Schmerzen‹. Aber jetzt pass auf!« Wieder ergriff ich ihre Hände, sprach zu dem Brennen und befahl ihm zu gehen.

»Es ist weg!«, rief sie aus und pries Gott nun umso mehr!

Du betest!

Ich brachte Mary dann bei, wie sie unter Anwendung von Markus 11,23 für sich selbst beten konnte. Ich erklärte ihr: »Wenn wieder ein Schmerz zurückkommt, bedeutet das nicht, dass Gott dich nicht geheilt hat, sondern dass der Teufel an deine Tür klopft, um herauszufinden, ob du ihm nicht wieder aufmachst. Wenn du dann sagst: ›O nein, ich war ja gar nicht geheilt‹ oder ›Ich habe meine Heilung verloren‹, öffnest du dadurch die Tür und Satan kommt wieder herein. Wenn du aber sagst: ›Nein! Durch seine Striemen bin ich geheilt worden. Die Gnadengaben und die Berufung Gottes sind unbereubar. Ich befehle diesem Schmerz zu gehen!‹, dann behältst du deine Heilung, und alles wird in Ordnung sein.«

Als Mary gerade gehen wollte, sagte sie: »Das Brennen ist wieder da.« »Nun«, ermutigte ich sie, »ich habe dich gelehrt, was du tun musst. Ich halte deine Hände und stimme mit dir überein, aber du betest!«

»Vater, ich danke dir, dass es dein Wille für mich ist, geheilt zu sein. Durch die Striemen Jesu bin ich geheilt worden, und dafür danke ich dir. Und jetzt beanspruche ich meine Heilung im Namen Jesu.« Noch vor vierzig Minuten war diese Frau eine Presbyterianerin gewesen, die glaubte, ihre Krankheit sei von Gott gesandt, damit er verherrlicht werden könne. Sie hatte eine radikale Kehrtwendung gemacht! Aber obwohl das schon ein ganz gutes Gebet ist, kann man keine Heilung empfangen, wenn man auf diese Weise betet. Das funktioniert einfach nicht.

Nachdem sie fertig war, fragte ich: »Spürst du das Brennen noch?«

»Ja, es ist immer noch da.«

»Weißt du auch, warum?«

»Nein.«

»Du hast nicht das getan, was ich dir gesagt habe.«

»Was denn nicht?«

»Du hast nicht zu deinem Berg gesprochen. Du hast mit Gott gesprochen und ihn gepriesen. Was du gesagt hast, war gut, aber du hast nicht das getan, wozu dich das Wort auffordert.«

»Du meinst, dass ich sagen soll: »Brennen, im Namen Jesu …««

»Genau!«

»In Ordnung.«

Wir fassten uns wieder bei den Händen und Mary erklärte: »Brennen! Im Namen Jesu …«, und dann hielt sie auch schon inne und rief aus: »Es ist weg! Es ist verschwunden! Ich bin geheilt!« Zwei Jahre später hörte ich wieder von ihr, und es ging ihr gut. Tatsächlich sorgt sie in der Presbyterianischen Kirche für »kein geringes Aufsehen«. Welch ein großartiges Beispiel!

Lenke deinen Glauben

Die Bibel sagt: »Sprich zu deinen Problemen!«

»Nun, Andrew, ich glaube nicht, dass man das so eng sehen muss. Gott weiß schon, was ich meine.«

Doch das ist genauso wie bei der Person, die eine Stromleitung anfasst und sagt: »Wie konnte das Ding wagen, mich zu töten! Ich hatte Gutes im Sinn und konnte doch nicht wissen, dass das Kabel Strom führt.« Es spielt keine Rolle, welche Absichten du hast. Es gibt Gesetzmäßigkeiten, die bestimmen, wie Dinge funktionieren. Gott hat gesagt: »Sprich zu den Dingen!«, aber wir tun es einfach nicht. Anschließend wundern wir uns, warum wir nicht geheilt sind.

Du hast Glauben, aber er muss gelenkt werden. Benutze ihn in Zusammenarbeit mit den Gesetzen, die bestimmen, wie Glaube funktioniert. Widerstehe dem Teufel. Rede direkt zu ihm. Sprich zu deinem Problem und befiehl ihm, sich umzuwandeln. Lenke deinen Glauben mit deinen Worten.

Obwohl deine Worte sehr wichtig sind, muss auch dein Handeln mit deinem Glauben übereinstimmen. Wenn du etwas »glaubst«, aber entgegengesetzt handelst, hebst du deinen Glauben auf!

Sprich zu deinem Problem und befiehl ihm,
sich umzuwandeln. Lenke deinen Glauben
mit deinen Worten.

Sag nicht, wenn du Kopfschmerzen hast: »O Gott, ich habe Kopfschmerzen. Nimm sie bitte weg. Ich glaube, dass ich durch deine Striemen in Jesu Namen geheilt bin.« Das reicht nicht aus!

Das ist nicht das, was der Herr dir befohlen hat. Wenn Schmerz dein Problem ist, dann sprich zu ihm und sage: »Schmerz, ich befehle dir im Namen Jesu, meinen Körper zu verlassen. Was auch immer diesen Schmerz verursacht, ich spreche zu diesem Teil meines Körpers und befehle ihm zu reagieren, damit diese Sache in Jesu Namen aufhört.« Sprich zum Problem!

Jamies Fuß

Ich erinnere mich noch, wie Jamie sich einmal mit dem schweren Metallstuhl in unserem Arbeitszimmer den Fuß verletzte. Sie war barfuß, als er umkippte und ihr auf den Spann fiel. Sofort wurde ihr Fuß blau und schwoll an. Nachdem sie fünf Minuten lang für ihn gebetet hatte, kam sie zu mir herüber gehumpelt und bat mich: »Kannst du mit mir im Gebet übereinstimmen?«

Wir beteten also und ich redete mit dem Fuß: »Fuß, ich befehle dir im Namen Jesu, auf meine Worte zu reagieren. Ihr Knochen, ich befehle euch, falls ihr gebrochen seid, jetzt geheilt zu sein.« Innerhalb von einer Minute war die Schwellung verschwunden und der Fuß hatte wieder seine normale Farbe. So spricht man zu einem Problem!

Obwohl ich diese Zusammenhänge schon lange kannte, war das Wissen darum aus irgendeinem Grund nicht bis in mein Bewusstsein vorgedrungen. Seitdem ich dieses Prinzip jedoch in den letzten fünf Jahren häufiger bewusst anwende, bekomme ich bestimmt viermal so viele sofortige Manifestationen von Heilung zu sehen wie vorher. Es ist ein wirklich einfaches Prinzip!

Du musst kooperieren

Viele Menschen verstehen einfach nicht, dass Jesus geistliche Gesetze festgelegt hat. Sie sagen: »Nun, wenn Gott mich liebte, würde er mich einfach heilen.« Nein, das funktioniert so nicht. Du empfängst deinem Glauben entsprechend.

> *Jerusalem, Jerusalem, das da tötet die Propheten und steinigt, die zu ihm gesandt sind.* ***Wie oft habe ich deine Kinder versammeln wollen*** *wie eine Henne ihre Brut unter die Flügel,* ***und ihr habt nicht gewollt!*** *— Lukas 13,34*

Der Herr selbst trauerte über sein geliebtes Volk. Er wollte dessen Angehörige segnen, sie trösten und ihnen dienen, aber sie wollten es nicht empfangen. In seiner eigenen Heimatstadt Nazareth wurde Jesus aufgrund von Unglaube daran gehindert, mehr zu tun (Mk 6,5–6). Man muss mit Gottes geistlichen Gesetzen, die den Glauben bestimmen, kooperieren, um empfangen zu können.

Tu das, was das Wort sagt! Wenn du betest, preise Gott dafür, dass für dein Problem bereits Vorsorge getroffen wurde. Übe dann deine Autorität aus und sprich dieses Problem direkt an. Wenn du das nicht tust, wirst du auch nicht die gewünschten Resultate sehen. Ob es dir gefällt oder nicht, so funktioniert es einfach!

Lerne, was Gottes Wort darüber sagt, wie seine Kraft wirkt, und kooperiere dann damit!

Deine Aufgabe ist es, die Gesetze zu entdecken und mit ihnen zu kooperieren, und nicht, dir auszusuchen, welche Gesetze du gerne befolgen möchtest, oder gar eigene Gesetze aufzustellen. Du meinst vielleicht, dass es einfacher und billiger sei, in deinem Haus elektrische Leitungen aus Holz zu verlegen, aber ich garantiere dir, dass die den Strom nicht so gut leiten wie Kupfer. Es spielt keine Rolle, ob dir Holz besser gefällt. Du musst einfach nur den besten Leiter für Strom entdecken und dich dann daran halten. Lerne, was Gottes Wort darüber sagt, wie seine Kraft wirkt, und kooperiere dann damit!

Gott antwortet augenblicklich

Darum sage ich euch: Alles, um was ihr auch betet und bittet, glaubt, dass ihr es empfangen habt, und es wird euch werden.
— Markus 11,24

Glaube, dass du empfangen hast, wenn du betest, und das, wofür du gebetet hast, wird dir werden (Futur). Glaube, dass du Gottes Antwort genau in dem Moment, in dem du betetest, empfangen hast, und du wirst die sichtbare Manifestation erleben (Futur).

Die meisten Menschen haben keine Ahnung, was bei Gebet vor sich geht! Sie beten, bitten und warten dann passiv ab. Wenn etwas – irgendetwas – klappt, denken sie: *Gott muss mein Gebet beantwortet haben.* Falls das, wofür sie gebetet haben, jedoch nicht passiert, glauben sie, dass Gott Nein gesagt haben müsse. Das ist einfach nicht wahr!

Du hast ein größeres Maß an Kontrolle darüber, wie lange es vom »Amen« bis zum Eintreffen der Gebetsantwort dauert, als dir bewusst ist. Die Zeitspanne, die vor der Manifestation liegt, könnte eine Sekunde, eine Stunde, ein Tag, eine Woche oder länger sein. Gott wird genau in dem Moment, in dem du betest und glaubst, aktiv und setzt sofort seine Kraft frei. Genau wie bei dem Feigenbaum passiert es augenblicklich! Wenn du Gottes Kraft korrekt einsetzt, solltest du, abgesehen von einem möglichen Hindernis, das in dir oder außerhalb deiner Person liegen kann, in der Lage sein, eine sofortige Manifestation zu sehen.

Gott wird genau in dem Moment, in dem du betest und glaubst, aktiv und setzt sofort seine Kraft frei.

Sprich das Problem direkt an. Gott hat in Bezug auf Heilung schon alles getan, was er überhaupt jemals tun wird. Wenn du für einen Kranken betest, dann warte nicht einfach passiv ab, dass etwas geschieht. Übernimm die Kontrolle und bring die Person dazu, dass sich die Heilung bei ihr manifestiert!

Du sagst vielleicht: »So etwas kann man doch nicht tun!« Doch, das kann man! Genau so beten wir, und dann passieren gute Dinge. Es hängt von dir ab, wann sich deine Heilung einstellt!

Es ist ein fundamentales Gesetz, dass Gott Gebet augenblicklich beantwortet. Glaube, dass du empfangen hast, als du betetest, ganz gleichgültig, ob du eine umgehende Manifestation siehst oder nicht. Wenn du zu deinem Berg sprichst, kooperierst du mit einem wichtigen geistlichen Gesetz und beschleunigst die Manifestation deiner Antwort.

KAPITEL 17

Schieß noch mal auf ihn!

Viele Menschen haben mit meiner Lehre Schwierigkeiten und fragen sich: »Wie kann ich denn glauben? Gerade jetzt habe ich Schmerzen in meinem Körper, aber du sagst mir, dass ich geheilt bin, ohne dass es auch nur den geringsten handfesten Beweis dafür gibt.« Andere reagieren so: »Oh, ich verstehe! Du meinst, ich soll so tun, als ob es so wäre, obwohl es in Wirklichkeit gar nicht so ist, und dann wird es schließlich so!« Nein, das lehre ich nicht. Ich ermutige dich nicht zu irgendwelchen Gedankenspielchen, bei denen du versuchst, etwas für real zu halten, obwohl es das in Wirklichkeit nicht ist, damit es dann irgendwann real wird. Ich fordere dich vielmehr auf, über die rein natürliche Ebene hinauszublicken.

Gott ist Geist (Joh 4,24). Und wenn er sich bewegt, dann tut er das in der Dimension des Geistes. Wenn du Gott um Heilung bittest, dann gibt er sie dir in geistlicher Form in deinem Geist, und zwar genau in dem Moment, in dem du deinen Glauben dafür einsetzt. Weil du ein Gläubiger unter dem neuen Bund bist, lebt bereits dieselbe Heilungskraft, Salbung und Macht in dir, die Jesus von den Toten aufgeweckt hat. In dem Moment, in dem du dann glaubst, setzt Gott diese Kraft in deinem Geist frei. Deshalb hast du tatsächlich empfangen. Gott hat, als du gebetet hast, bereits alles getan, was er im Hinblick auf dein Wunder je tun wird: Er hat den Befehl gegeben und seine Kraft freigesetzt, und damit ist die Sache jetzt erledigt!

»Aber ich brauche die Heilung hier in meinem Körper!« Glaube ist die Brücke zwischen der geistlichen und der physischen Welt. Glaube ist der Weg, auf dem das, was im Geist bereits geschehen ist, in den natürlichen Bereich gelangt. Der Glaube gibt den Dingen, auf die man hofft, Substanz und ist ein Überzeugtsein davon, dass Dinge, die man nicht sieht, trotzdem existieren (Hebr 11,1). Nur weil sich etwas in einer unsichtbaren Dimension befindet, heißt das noch lange nicht, dass es nicht existiert!

Wenn du denkst, dass die physische Welt, also das, was du sehen, schmecken, hören, riechen und fühlen kannst, die einzig existierende Dimension von Realität ist, wirst du argumentieren: »Ich habe Schmerzen, deshalb ist es mir egal, was du sagst! Ich würde lügen, wenn ich bekennen würde, dass Gott mich geheilt habe, obwohl ich immer noch unter Schmerzen, Ausschlag, einem Tumor oder Ähnlichem leide. Du bist nur einer von denen, die nach dem Motto vorgehen: ›Benenne es und beanspruche es‹ oder ›Sag es und nimm es‹, damit es dann ›Wirklichkeit wird‹.« Die Wahrheit ist, dass es wirklich eine geistliche Dimension gibt und auch dein reales geistliches Ich existiert.

Zieh es heraus!

Die geistliche Welt ist die übergeordnete Macht (Kol 1,16; Hebr 11,3). Sie hat all das, was du sehen kannst, geschaffen und wird auch dann noch existieren, wenn diese physische Welt längst vergangen ist (2Kor 4,18). Es ist keineswegs falsch, sich einzugestehen, dass es Dinge gibt, die jenseits dessen liegen, was wir mit unseren fünf Sinnen wahrnehmen können. Dort, wo du dich gerade aufhältst, gibt es Radio- und Fernsehsignale. Du kannst sie nicht sehen, und doch sind sie da. Mithilfe eines Empfängers könnte man das beweisen. Wenn du sagst: »Sie können keinesfalls hier sein, denn ich kann sie weder sehen noch fühlen!«, zeigt das lediglich, dass du nicht besonders klug bist. Sie sind da, du kannst sie nur nicht wahrnehmen.

Dort, wo du jetzt gerade bist, gibt es geistliche Wesenheiten – Engel, Dämonen und den Heiligen Geist! Es gibt eine Realität in dir – deinen Geist –, mit der du durch deine fünf Sinne nicht in Kontakt treten kannst. Du musst einfach Gottes Wort glauben, das erklärt: »Wenn du betest, hast du empfangen.« Wenn du auf die Empfindungen in deinem Körper achtest oder in den Spiegel schaust, um zu sehen, ob es wirklich passiert ist, dann wird es dir entgehen. Deine Heilung vollzieht sich in der geistlichen Welt. Wie gelangt sie aus dem Übernatürlichen ins Natürliche? Durch jemanden, der glaubt!

Bekenne im Glauben: »Obwohl ich es nicht sehen kann, weiß ich: Gottes Wort sagt, dass ich, wenn ich bete, glauben soll, dass ich die Antwort sofort empfangen habe, und dann wird sie sich nach Markus 11,24 manifestieren (Zukunft). Deswegen glaube ich, dass Gott es getan hat. In der geistlichen Dimension wird jetzt eine gewaltige Aktivität und Kraft freigesetzt. Die Heilungskraft Gottes fließt in diesem Augenblick durch mich. Ich habe sie noch nicht gesehen, aber ich weiß, sie ist da.« Bring dann deine Gebetsantwort dadurch zur Manifestation, dass du diese geistlichen Gesetze in Gang setzt. Sprich zu den Dingen und befiehl ihnen, zu funktionieren.

Als Jamie sich am Fuß verletzte, glaubten wir, dass Gott bereits für ihre Heilung gesorgt hatte, lange bevor sie diesen Stuhl umgestoßen hatte. Wir priesen Gott, dass es bereits vollbracht war und sagten: »Danke, Vater, dass du es getan hast. Genau jetzt gehört es uns!« Weil Jamies Fuß immer noch übel aussah, sprach ich ihn direkt an und befahl: »Fuß, ich spreche zu dir im Namen Jesu …!«

Dadurch zog ich die Heilung heraus, die Jamie in ihrem Geist bereits empfangen hatte.

Es ist so, als wärest du durstig und stündest direkt neben einem Brunnen. Alles Wasser, das du jemals brauchen wirst, ist bereits da unten, dennoch könntest du verdursten, wenn du keine Ahnung hättest, wie man einen Eimer hinunterlässt und es darin herauszieht. Es gibt Dinge, die du tun kannst, um die übernatürliche Kraft Gottes herauszuziehen, die in deinem inneren geistlichen Brunnen bereits vorhanden ist!

Mit Bäumen reden

Benutze deine Worte, um Leben anstatt Tod zu sprechen (Spr 18,21). Richte sie gezielt auf dein Problem (Mk 11,23). Jesus selbst sprach zu dem Feigenbaum (Mk 11,14). Wenn dein Konto ständig in den Miesen ist, dann rede mit ihm! Falls du beim Durchsehen deiner Kontoauszüge jedes Mal zu hören bekommst: »Gottes Wort funktioniert nicht! Du wirst nie genug haben!«, dann fixiere sie und sage: »Im Namen Jesu befehle ich jetzt allen roten Zahlen zu verschwinden und schwarzen Zahlen, ihren Platz einzunehmen!« Du musst mit deiner Brieftasche, deinen Geldanlagen und anderen Dingen reden.

Benutze deine Worte,
um Leben anstatt Tod zu sprechen.

Ich rede mit meinen Bäumen. Wir leben in einem halbtrockenen Klima und unser Grundstück ist wie ein Wald. Ich zitiere dem

Gelände gegenüber Bibelstellen darüber, wie Gott das Wasser in den Bergen fließen lässt. Jedes Mal, wenn ich Schädlinge sehe, verfluche ich sie und segne den betreffenden Baum. Direkt hinter meiner Grundstücksgrenze steht eine Reihe abgestorbener Bäume, meine aber sehen alle gut aus. Die Leute finden das merkwürdig, aber es funktioniert!

Gott lehrte mich vor langer Zeit in den Tagen meiner Armut, zu Bäumen zu sprechen. Während Jamie und ich uns so durchschlugen, hielt uns bisweilen nur die Unterstützung meiner Mutter am Leben. Ich bin mir nicht sicher, ob es ihr bewusst war, aber manchmal waren die Mahlzeiten, mit denen sie uns versorgte, das Einzige, was wir im Verlauf von ein oder zwei Wochen zu essen hatten. Wir erzählten ihr nie, dass wir etwas brauchten, aber sie versorgte uns jedes Mal, wenn wir sie besuchten. Ich revanchierte mich mit Rasenmähen.

Meine Familie besaß damals dreiundzwanzig Pekannussbäume. Als mein Vater noch lebte, pflegte er sie immer gut, düngte und spritzte sie. Jedes Jahr trugen sie zwischen 300 und 400 Pfund Nüsse. Nachdem mein Vater gestorben war, kümmerten wir uns nicht mehr um die Bäume. Sie waren dann in einem Jahr so schlimm von Raupen befallen, dass der gesamte Ertrag an Pekannüssen nur 50 Pfund betrug!

Im darauf folgenden Jahr segnete ich diese Bäume jedes Mal, wenn ich den Rasen mähte. Während ich mit dem Rasenmäher um sie herumfuhr, legte ich meine Hand auf jeden einzelnen Baum und sagte: »Ihr Raupen, ich verfluche euch im Namen Jesu und befehle euch, zu sterben. Baum, du bist gesegnet. Ich befehle dir, fruchtbar zu sein und dich zu entwickeln!« In dem Jahr ernteten wir über 500 Pfund Pekannüsse!

Sprich zu deinem Körper; er wird auf dich reagieren! Wissenschaftler haben ein Areal in unserem Gehirn entdeckt, das durch die Stimme aktiviert wird. Sie fanden heraus, dass dein Gehirn es »hört«, wenn du beispielsweise sagst: »Ich bin müde«, und deinem Körper dann befiehlt, sich auf eine Ruhezeit vorzubereiten. Du wirst immer müder, wenn du das Wort »müde« aussprichst. Wenn du sagst: »Mensch, fühle ich mich gut!«, veranlasst derselbe Teil deines Gehirns die Ausschüttung von Endorphinen in deinem Körper, um dich zu beleben. Die Welt der Wissenschaft entdeckt gerade erst jetzt, was Gott schon längst gesagt hat!

Dein Körper hat die Fähigkeit, Schmerzen zu stillen. Medikamente beseitigen Schmerzen nicht wirklich, sondern regen deinen Körper lediglich dazu an, Endorphine zu produzieren. Diese Endorphine sind es, die deine Schmerzen lindern. Mittlerweile gibt es sogar schon ein Gerät für Patienten mit chronischen Schmerzen, das den Teil des Gehirns elektrisch stimuliert, in dem Endorphine produziert werden. Dieses Verfahren stillt Schmerzen zehnmal besser als Morphium. Die »zweite Luft« bei einem Leistungssportler ist lediglich das Phänomen der körpereigenen Ausschüttung von Endorphinen, die Schmerzen und Müdigkeit vertreiben.

Gebrauche deine Worte und befiehl den Schmerzen, dich zu verlassen! Du kannst zu deinem Körper sprechen und ihn veranlassen, sich zu erholen. Ich habe Zahnschmerzen befohlen, wegzugehen, und meinen Augen, zu funktionieren. Ein starker Ausschlag an der Hand eines Freundes ging weg, nachdem wir zu ihm gesprochen hatten. Greife nicht einfach automatisch zu einer Tablette, sondern sprich zu deinem Körper!

Genau so funktioniert das Reich Gottes! Wir haben es viel zu kompliziert gemacht und gebetet: »O Gott, hier ist meine Not.

Wenn du mich liebst, dann tu etwas!« Wenn dann nichts passiert, werden wir Gott gegenüber bitter und fragen: »Warum hast du nichts getan?« Gott hat dir die Macht gegeben, aber du weißt nicht, wie du sie gebrauchen sollst. Die Salbung, Kranke zu heilen, Aussätzige zu reinigen und Tote aufzuerwecken, ist bereits in dir. Wenn du nicht erlebst, wie sie sich manifestiert, dann ist nicht Gottes »Sender« kaputt, sondern dein »Empfänger« muss eingeschaltet und eingestellt werden. Versenke dich ins Wort und benutze es dann, um zu deinem Berg zu sprechen!

Die Salbung, Kranke zu heilen, Aussätzige zu reinigen und Tote aufzuerwecken, ist bereits in dir.

Glaube ist feststellbar

Weil ich diese Zusammenhänge beachte, verbringe ich nicht viel Zeit damit, um Dinge zu bitten. Neunzig Prozent meiner Gebete bestehen daraus, Gott zu lieben. Er bewahrt mich in vollkommenem Frieden, weil mein Sinn auf ihn gerichtet ist (Jes 26,3 KJV). Als mich die schlechte Nachricht erreichte, dass der Vertrag für unser Gebäude nicht zustande käme, machte mir das nicht viel aus. Ich hatte soeben Gemeinschaft mit dem allmächtigen Gott gehabt! So wichtig dieses Gebäude auch war, wusste ich dennoch, es war nicht ewig. Abgesehen davon hatte ich in jener Nacht auch etwas Besseres zu tun, als mich zu sorgen. Also ging ich ins Bett und schlief. Ich betete noch nicht einmal dafür, aber letztendlich erledigte sich die Situation von selbst und ging gut aus.

Wenn Gott zu lieben und ihn anzubeten, höchste Priorität bei dir hat, wirst du feststellen, dass du nicht viel Zeit mit dem Beten für Dinge zubringen musst. Solltest du jedoch tatsächlich einmal für etwas Wichtiges beten müssen, dann beginne damit, indem du Gott lobst, ihn verherrlichst und ihm dankst. Sag: »Vater, ich danke dir, dass du schon Vorsorge für dieses Problem getroffen hast, bevor ich es überhaupt hatte. Danke, Jesus, dass ich durch deine Striemen geheilt worden bin.« Kolosser 2,7 offenbart, dass unser Glaube durch überreiche Danksagung gefestigt wird. Bleib einfach in dieser Haltung, Gott für das, was seinem Wort zufolge bereits im Geist geschehen ist, so lange zu loben und zu danken, bis du weißt, dass du nicht mehr in Furcht oder Sorge bist und der Glaube in dir belebt worden ist.

Glaube ist feststellbar. Ich weiß, wann ich im Glauben bin. Die Aussage: »Ich weiß, dass ich im Glauben stehe und Tote auferwecken kann!«, habe ich zum allerersten Mal 1976 gemacht. Ich wusste es in meinem Herzen. Obwohl ich mich nicht immer in dieser Dimension bewege, weiß ich doch, wie ich dort hingelange. Ich fange damit an, Gott zu preisen und ihm zu danken, und das tue ich solange, bis mein Glaube belebt ist.

Wenn die Angst dich noch im Griff hat, bete noch nicht für eine Sache, was auch immer es ist. Genauso wenig, wie du den Abzug eines Gewehrs betätigst, wenn es noch nicht geladen und noch nicht auf das Ziel ausgerichtet ist, solltest du dein Gebet vorbringen, wenn du dir nicht sicher bist, dass du im Glauben stehst! Komm zu Gott und setz dich mit der Angst auseinander. Preise ihn so lange für seine großartige Liebe, bis sie die Angst vollständig vertrieben hat (1Joh 4,18). Wenn du die Angst dann losgeworden bist und weißt, dass du im Glauben stehst, komm auf die Sache zurück und tu das, was du in Bezug auf die Situation im Gebet tun musst – aber sprich keine Worte in Angst aus!

Sprich auch keine Worte in bloßer Hoffnung aus. Sich etwas zu wünschen und etwas zu versuchen, ist kein Glaube. Es muss wahrer Glaube vorhanden sein, damit deine Hoffnung sichtbare Wirklichkeit wird.

Sobald ich feststelle, dass mein Glaube belebt ist und ich nun wirklich glaube, dass es in der geistlichen Dimension bereits erledigt ist, ergreife ich diesen Glauben und spreche zu den Dingen, zu denen gesprochen werden muss: zu meinem Körper, meinen Finanzen, Dämonen usw. Dann benutze ich Lobpreis, um den Feind damit zum Schweigen zu bringen. Unter Zuhilfenahme all dessen, was Gott mir jemals gezeigt hat, schlage ich auf den Teufel und meine Situation so lange ein, bis ich Resultate sehe. Für mich ist das kein Unglaube, über eine gewisse Zeit so für eine Situation zu beten. Ich glaube, dass Gott schon im selben Moment, in dem ich gebeten habe, etwas getan hat. In der geistlichen Dimension habe ich seine Antwort empfangen, als ich gebetet habe, aber ich bin nicht gewillt, sie dort zu lassen. Ich bringe sie dazu, sich in der physischen Welt, da, wo ich sie brauche, zu manifestieren!

Bete weiter bis zur Manifestation!

Wenn ich für jemanden um Heilung bete, dann tue ich das zwei, drei, vier Mal oder noch öfter. Mir ist es egal, wie oft! Ich bin sogar bereit, jemandem so oft die Hände aufzulegen, bis er völlig kahl ist! Doch ich wende mich dabei nicht erneut an Gott, um ihm zu erklären: »Vater, beim ersten Mal hat es nicht funktioniert, bitte mach, dass es jetzt klappt!« Nein! Ich glaube, dass es geschehen ist, weil Gott treu ist. Er hat gegeben, aber etwas stimmt mit unserem Empfänger nicht. Also arbeite ich genau daran. Hat der Teufel einer Ladung Heiliger Geist widerstanden, schieße ich einfach noch mal auf ihn! Genauso wie Jesus es mit dem Blinden aus Bethsaida gemacht hat (Mk 8,22–26), bete ich so lange, bis ich die Manifestation der Antwort sehe.

Du musst dir folgende Einstellung aneignen: Gott ist treu und er ist deiner Not bereits begegnet, bevor du sie überhaupt hattest. Mut, Vertrauen und Glaube werden in deinem Herzen aufsteigen, wenn dir klar wird, dass Gottes Versorgung immer größer ist als deine Not!

Gott ist treu und er ist deiner Not bereits begegnet, bevor du sie überhaupt hattest.

Manchmal bete ich für mein Gegenüber genauso intensiv wie für mich selbst. Für gewöhnlich bin ich bereit loszulegen, aber die andere Person ist es nicht immer. Als ich neulich für eine Aidskranke Frau betete, stellte ich im Gespräch mit ihr fest, dass sie immer noch etwas Angst hatte. Also betete ich: »Vater, wir danken dir, dass du über jeden Namen erhöht bist. Aids hat einen Namen. Aids, du beugst deine Knie vor dem Namen Jesu!« Da spürte ich auch schon, wie ihr Glaube angeregt worden war. Also fuhr ich fort: »Aids, du bist nichts weiter als ein Verlierer! Du hast keine Kraft, keine Macht und keine Herrschaft!« Auf diese Weise wird sowohl mein Glaube als auch der Glaube der Person gestärkt, für die ich bete! Ich spreche zu der Situation und setze Gottes Kraft frei; auf diese Weise habe ich schon Tausende sofortige Manifestationen erlebt.

Eine andere Frau bekam Gebet für ihre geschwollenen Füße. Einer wurde normal und der andere blieb geschwollen. Mancher mag nun verwundert fragen: »Warum heilte Gott nicht beide

Füße?« Das tat er! Es ist einfach so, dass die Frau nur für einen Fuß Heilung empfing. Was macht man dann? Man betet solange weiter, bis die andere Heilung auch sichtbar wird. Wenn man den Teufel einen Zentimeter bewegen kann, dann kann man ihn auch einen Kilometer bewegen – wenn es sein muss, Zentimeter für Zentimeter!

Deine Resultate werden sich verbessern

Die Leute denken, Gott heile auf geheimnisvolle Weise. Falls er jemanden heilen wollte, wäre es im Handumdrehen auch gleich geschehen! Wenn es dann eine Verzögerung oder ein Problem gibt oder wenn sie im Glauben stehen müssen, um zu Dingen zu sprechen und diese zurückzuweisen, fragen sie sich: »Warum hat es nicht funktioniert?«

Gott benutzt unvollkommene Menschen. Wenn wir nicht so voller Unglaube wären, würden wir alle größere und schnellere Manifestationen erleben! Es ist ein Wunder, dass wir überhaupt etwas geschehen sehen, obwohl wir mit unseren Gedanken Tag für Tag zur »Unterhaltung« in Mord, Ehebruch und Homosexualität eintauchen und unsere Ohren mit (schlechten) »Nachrichten« füllen. Wir sind in Unglauben getauft!

Weil Jesus unvollkommene Gefäße wie dich und mich benutzen muss, gelangt seine Kraft manchmal nicht so schnell zur Manifestation. Jeder von uns besitzt einigen Unglauben und anderen Müll, der noch nicht entsorgt ist. Lass dich dadurch aber nicht davon abhalten, die Sache anzugehen! Oftmals erhöht sich deine Leitfähigkeit für den Strom von Gottes Kraft durch deren Gebrauch. Gib nicht einfach auf, wenn du es einige Male versucht hast und noch nicht die gewünschten Resultate siehst. Selbst Jesus war im

Hinblick auf das, was er in seiner eigenen Heimatstadt zu tun vermochte, aufgrund des Unglaubens der dortigen Bevölkerung eingeschränkt (Mt 13,58). Bleib dran!

Oftmals erhöht sich deine Leitfähigkeit für den Strom von Gottes Kraft durch deren Gebrauch.

Sobald du diese Dinge zu verstehen, zu glauben und umzusetzen beginnst, werden sich deine Resultate erheblich verbessern!

KAPITEL 18

Bitte und empfange

Und ich sage euch: Bittet, und es wird euch gegeben werden; sucht, und ihr werdet finden; klopft an, und es wird euch geöffnet werden! — Lukas 11,9

Würden wir Lukas 11,9 einfach glauben, wäre alles in Ordnung! Doch viele Menschen können das nicht, weil es in ihrem Leben irgendwann einmal einen Moment gab, in dem sie Gott um etwas baten und dann nicht erlebten, dass es geschah. Aufgrund dieser negativen Erfahrung denken sie: *So einfach und unkompliziert kann es unmöglich sein!*

Ein Großteil der heutigen »Kirchentümelei« besteht aus Ausreden, warum Gottes Verheißungen nicht funktionieren. Das ist Religion! Es sind fromme Rechtfertigungen dafür, warum Menschen gescheitert, deprimiert, krank oder arm durchs Leben gehen, und zwar, weil Gott »eine erlösende Absicht« damit verfolgt. Das ist absolut unzutreffend!

Wir denken uns Entschuldigungen dafür aus, warum Gottes Wort nicht jederzeit für jedermann funktioniert und sagen: »O ja, du empfängst natürlich, wenn du bittest. Doch manchmal antwortet Gott eben mit Nein. Es klappt nun mal nicht bei jedem!« Nimm zum Beispiel die Taufe mit dem Heiligen Geist. Viele Menschen, die heutzutage die Existenz der Geistestaufe anerkennen, lehnen sie im selben Atemzug durch die Aussage ab, sie sei »nicht für jeden«. Sie missbrauchen 1. Korinther 12,30 (»Reden alle in

Sprachen?«), ohne zu verstehen, dass in diesem Vers die Gabe diskutiert wird, öffentlich in einem Gottesdienst in neuen Sprachen zu reden. Diese besondere Gabe hat nicht jeder, aber jeder von neuem geborene Gläubige, der mit dem Heiligen Geist getauft worden ist, kann und sollte in Sprachen reden! (Bitte greife für weitere Informationen zu diesem Thema auf meine Lehre bzw. mein Buch *Dein neues Ich & der Heilige Geist* zurück.)

Zu der Zeit, als ich mich zum ersten Mal so richtig für Jesus begeisterte und meinen geistlichen Dienst antrat, gab es ganze Denominationen, die glaubten, dass Wunder zusammen mit der frühen Gemeinde ein Ende gefunden hätten. Jeder, der auch nur ansatzweise etwas über irgendwelche übernatürlichen Manifestationen lehrte, die auch heute noch stattfänden, war »des Teufels«. Die charismatische Bewegung konnte diesen Schluss jedoch so gründlich widerlegen und seine Falschheit entlarven, dass heutzutage nur noch kleine Randgruppen Unverbesserlicher weiter an diesem Unglauben festhalten. Der vorherrschende Gedanke in der Kirche ist heute: »Ja, Wunder können geschehen – aber eben nicht für jeden!«

Gott antwortet immer

Das Wort Gottes erklärt genau das Gegenteil!

> *Denn* ***jeder*** *Bittende empfängt, und der Suchende findet, und dem Anklopfenden wird geöffnet werden. — Lukas 11,10*

Wenn du verstehst, dass Gott in Lukas 11,9 meint, was er sagt, dann empfängst du, wenn du bittest. Gott sagt nicht Nein. Lukas 11,9 ist keine Verheißung, die schon lange der Vergangenheit angehört, und sie gilt auch nicht nur einigen »Super-Heiligen«. *Jeder*, der bittet, empfängt!

Jeder von uns hat schon die Erfahrung gemacht, dass Dinge, für die wir gebetet und um die wir gebeten haben, nicht in Erfüllung gegangen sind. Ich bin in den frühen Jahren meines Lebens viel mit dem Tod in Berührung gekommen. Im Grunde genommen wuchs ich bei meiner Großmutter auf, weil meine Eltern beide arbeiteten. Ich betete für Großmutter, doch sie starb, als ich acht Jahre alt war. Als ich zwölf war, betete ich sechs Monate lang täglich für die Heilung meines Vaters. Obwohl er sehr krank war und im Krankenhaus lag, hatte ich die uneingeschränkte Erwartung, dass er wieder gesund werden würde; doch er starb. Als ich achtzehn war, starb ein Mädchen, zu dem Jamie und ich eine enge Beziehung hatten. Später habe ich im Glauben gestanden und zusammen mit anderen Geschwistern bis zu zwei Stunden lang für Tote gebetet, von denen wir glaubten, dass Gott sie wieder auferwecken würde. Doch das ist nicht passiert. Bevor ich zum ersten Mal erlebte, dass ein Mensch tatsächlich auferstand, hatte ich schon für vier Tote gebetet! Sicherlich hast auch du so deine Erfahrungen!

Aufgrund eben solcher Erfahrungen glauben die meisten Christen nicht, dass Lukas 11,9–10 wirklich so einfach ist. Anders ausgedrückt haben Erfahrungen im Leben der meisten Menschen ein größeres Gewicht als das Wort Gottes. Wenn du begreifen kannst, was ich dir hier gerade mitteile, wird das die Qualität deiner Beziehung zu Gott völlig verändern!

Ihr bittet und bekommt es nicht, weil ihr in böser Absicht bittet, um es in euren Lüsten zu vergeuden.
— Jakobus 4,3 SLT

Natürlich musst du entsprechend dem Wort Gottes bitten. Wenn etwas nicht Teil des Erlösungswerks Christi ist, dann hat Gott es dir auch nicht zur Verfügung gestellt. Aus genau diesem Grund wird Gott dir auch nicht den Ehepartner eines anderen geben, wenn du ihn darum bittest. In gleicher Weise stehen uns durch Jesu Tod, Grablegung und Auferstehung weder Unzucht, noch Ehebruch, noch Polygamie zur Verfügung. Gott ist Leben! Er wird niemanden töten, weil du dafür gebetet und ihn darum gebeten hast. In seinem Erlösungswerk hat der Herr gute Dinge aller Art bereitgestellt: Freude, Frieden, Wiederherstellung von Beziehungen, Heilung, Wohlstand und vieles, vieles mehr. Um solche Dinge solltest du bitten!

»Aber das habe ich getan, und nichts ist geschehen!« Wenn du um etwas gebeten hast, das Gott in seinem Wort versprochen hat, dann hat er es dir gegeben. »Nein, hat er nicht!« »Woher weißt du das?« »Weil ich es nicht gesehen habe!« Dein Ernst?

Hast du empfangen?

Das Problem ist, dass du denkst, du könnest mit deinen fünf Sinnen wahrnehmen, was Gott tut oder nicht. Wenn du es nicht sehen, schmecken, hören, riechen oder fühlen kannst, ist das für dich der »Beweis« dafür, dass Gott es nicht getan hat. Die Lösung für dieses Dilemma liegt darin, die Existenz der geistlichen Dimension zu erfassen.

Gott ist Geist (Joh 4,24). Wenn er sich bewegt, dann bewegt er sich in der geistlichen Welt. Im selben Moment, in dem du um etwas gebeten hast, hat Gott den Befehl erteilt, und es wurde gegeben. Obwohl die Angelegenheit im Geist schon erledigt ist, hängt die Verwirklichung deiner Gebetsantwort in der physischen

Dimension viel stärker von deiner Kenntnis darüber ab, wie du empfängst, als von der Frage, ob Gott dein Gebet beantwortet hat. Das ist jetzt allerdings eine sehr grobe Vereinfachung, da manchmal auch noch andere Personen eine Rolle spielen. Im Wesentlichen geht es aber darum, dass du das, was Gott dir im Geist bereits gegeben hat, im Natürlichen empfängst.

Gott beantwortet jedes Gebet, das seinem Wort entspricht. Weil wir jedoch nicht verstanden haben, wie man empfängt, erleben wir nicht immer, dass sich die Antwort manifestiert. Es liegt nicht daran, dass Gott nicht geantwortet hätte!

Gott beantwortet jedes Gebet, das seinem Wort entspricht.

»Willst du damit sagen, es sei mein Fehler?« Ja, genau das will ich. Einige Menschen regen sich sehr über mich auf und denken: »Du verurteilst mich!« Nein, das tue ich nicht. Ich lasse dich nur wissen, wenn irgendjemand versagt hat, dann jedenfalls nicht Gott!

Zu wissen, dass Gott immer treu ist, segnet mich! Er trifft nicht die Entscheidung, den einen zu heilen und den anderen krank zu lassen, dem einen Erfolg zu schenken und den anderen zu ignorieren oder dem einen Freude zu geben und dem anderen nicht. Die Vorstellung, Gott wolle eben den einen Menschen segnen und den anderen unglücklich machen, ist nicht richtig. So ist Gott nicht! In seiner Treue hat Gott für alle und jeden einen perfekten Plan, der Gesundheit, Erfolg, Freude, Segen, Frieden und Glück umfasst. Es ist nur so, dass nicht jeder von ihm empfängt. Das liegt nicht daran, dass Gott im Geben nicht treu wäre, sondern vielmehr daran, dass nicht jeder weiß, wie man empfängt. Es ist wirklich so einfach!

KAPITEL 19

Die Variable

Das Beispiel von Daniel veranschaulicht klar Gottes Treue, Gebet immer zu beantworten. In Daniel 9 betete Daniel und befragte den Herrn über Jeremias Prophezeiung, laut derer die Kinder Israels siebzig Jahre in Gefangenschaft zubringen würden (Dan 9,1–3; Jer 25,11–12). Doch es waren bereits mehr als siebzig Jahre vergangen, sodass es den Anschein hatte, als habe sich Gottes Verheißung nicht erfüllt.

Genau wie es heute geschieht, versuchten wahrscheinlich auch die Theologen der damaligen Zeit, diese Tatsache mit Vermutungen »wegzuerklären«: »Nun, vielleicht müssen wir dies oder jenes und auch noch alle anderen erdenklichen Dinge berücksichtigen!« Doch Daniel betete und fragte: »Herr, was bedeutet diese Prophezeiung? Wir sind nun schon mehr als siebzig Jahre in Gefangenschaft.« Gott beantwortete Daniels Gebet und zeigte ihm, dass es sich um siebzig Jahrwochen, also um Abschnitte zu je sieben Jahren handelte, die tatsächlich 490 Jahre Gefangenschaft ausmachten (Dan 9,24). Gott gab Daniel darüber hinaus eine bedeutende Prophetie hinsichtlich des kommenden Messias (Dan 9,25–27); diese stellt eine sehr wichtige Offenbarung im Wort Gottes dar!

Und ich [Daniel] richtete mein Gesicht zu Gott, dem Herrn, hin, um ihn mit Gebet und Flehen zu suchen, in Fasten und Sack und Asche. Und ich betete zum HERRN, meinem Gott, und ich bekannte und sprach: Ach, Herr, du großer und furchtbarer Gott, der Bund und Güte denen bewahrt, die ihn lieben und seine Gebote halten! ... Herr, höre! Herr, vergib! Herr, merke auf und handle! Zögere nicht, um deiner selbst willen, mein Gott! Denn dein Name ist über deiner Stadt und deinem Volk ausgerufen worden. — Daniel 9,3–4.19

Während ich noch redete und betete und meine Sünde und die Sünde meines Volkes Israel bekannte und mein Flehen für den heiligen Berg meines Gottes vor den HERRN, meinen Gott, hinlegte – und während ich noch redete im Gebet, da, zur Zeit des Abendopfers, erreichte mich wie in raschem Flug der Mann Gabriel [Das war ein Engel – derselbe, der später zu Zacharias und Maria sprach (Lk 1,19.26–27).], den ich am Anfang im Gesicht gesehen hatte, als ich ganz ermattet war. Und er wusste Bescheid, redete mit mir und sagte: Daniel, jetzt bin ich ausgegangen, um dich Verständnis zu lehren.« — Daniel 9,20–22

Drei Minuten

Während Daniel noch betete, erschien der Engel Gabriel und gab ihm Gottes Antwort. Das gesamte Gebet konnte nicht länger als drei Minuten gedauert haben. Daniel betete noch, als der Herr schon darauf antwortete. Das ist gewaltig!

***Am Anfang deines Flehens ist ein Wort ergangen**, und ich bin gekommen, um es dir mitzuteilen. Denn du bist ein Vielgeliebter. So achte nun auf das Wort und verstehe die Erscheinung. — Daniel 9,23*

Beachte, was der Engel über den Zeitpunkt von Gottes Antwort sagte: »Gleich zu Anfang deines Flehens ist ein Wort von Gott ergangen, und ich bin mit deiner Antwort hier.«

Viele Menschen argumentieren: »Bei Gott gibt es so etwas wie Zeit, Raum und Entfernung nicht.« Doch diese These lässt sich anhand der Bibel nicht belegen. Diese Menschen denken, wenn Gott jemandem Heilung, Wohlstand, Befreiung, Freude oder etwas Ähnliches schenken wollte, dann brauchte er es nur anzuordnen, und – zack! – wäre es auch schon da. Sie glauben: »Wenn Gott will, dass es geschieht, dann ist es auch schon mit einem Schlag geschehen. Nichts kann Gott aufhalten oder daran hindern, das von ihm Gewollte auch tatsächlich zu tun!« Das verleitet zu der falschen Annahme, dass Gott nichts getan habe, wenn wir nichts sehen. Daniel 9 liefert uns ein Beispiel für eine Situation, in der Gott sprach und es ungefähr drei Minuten bis zur Manifestation dauerte.

»Nichts kann Gott aufhalten oder daran hindern,
das von ihm Gewollte auch tatsächlich zu tun!«

Ich bin mir nicht sicher, warum, aber es lag eine gewisse Zeitspanne zwischen Gottes Reaktion und deren Manifestation. Vielleicht war Gabriel hundert Millionen Lichtjahre entfernt und brauchte drei Minuten, um diese Distanz zu überwinden. Vielleicht musste er auch seine Tasche packen oder sich noch die Zähne putzen. Wer weiß, was er gerade machte. Jedenfalls dauerte es drei Minuten, bevor sich das, was Gott befohlen hatte, manifestierte.

Die geistliche Dimension in Betracht ziehen

Drei Minuten sind gar nicht so schlecht! Wenn man in einem Gottesdienst nach vorn geht, um Gebet zu empfangen, und spätestens dann schon alles in Ordnung ist, wenn man am Altar umfällt, kann man damit gut umgehen. Was ist jedoch, wenn es drei Wochen anstatt drei Minuten dauert? Genau hier verlieren die meisten Menschen ihren Glauben. Wenn sie ihre Gebetsantwort nicht rasch genug sehen oder fühlen, schließen sie daraus: »Ich habe darum gebeten, aber Gott hat nicht geantwortet!« Woher weißt du das? Wie kannst du so sicher sein, dass der Herr deine Antwort nicht schon angeordnet hat und sie sich nicht gerade in dem Prozess befindet, aus der geistlichen in die physische Dimension zu kommen? Kannst du alle Aktivitäten sehen, die wegen dir in der geistlichen Dimension stattfinden?

Meistens ziehen Menschen so etwas noch nicht einmal in Betracht. Sie glauben einfach, dass Gott, wenn er nur wollte, alles sofort tun könnte. Wenn sich dann etwas nicht umgehend manifestiert, hat Gott sich demnach auch nicht »bewegt«. In Wirklichkeit aber stellen wir mit dieser Denkweise nur unsere eigenen natürlichen Fähigkeiten in den Vordergrund.

Wenn du meinst, dass du alles wahrnehmen kannst, was sich in der geistlichen Dimension um dich herum abspielt, denkst du einfach zu hoch von dir. Im Natürlichen gibt es mikroskopisch kleine Lebewesen und Staubpartikel, die in der Luft schweben. Obwohl du sie mit deinen körperlichen Sinnen nicht wahrnehmen kannst, weißt du doch, dass sie existieren. In der geistlichen Welt geschehen alle möglichen Dinge, die du nicht mitbekommst. Es ist der Gipfel der Überheblichkeit, zu beten und dann, wenn man die Antwort nicht sofort sehen, schmecken, hören, riechen oder fühlen kann, zu denken, es sei absolut nichts geschehen. Es gibt einfach sehr viel mehr, als du dir mit deinem Gehirn vorstellen kannst!

Wenn ich ein Beispiel aus meinem Leben anführen würde, könntest du leicht annehmen, ich sei anders als du. Du könntest dann sagen: »Ja, so läuft das bei dir, Andrew. Aus irgendeinem Grund funktionieren die Dinge bei dir eben besser als bei mir. Darüber hinaus stehst du nicht vor den Problemen, die ich momentan in meinem Leben habe!« Würde ich dir ein Beispiel aus dem Leben Jesu liefern, könntest du auch das mit dem Einwand vom Tisch wischen: »Das ist doch Jesus! Er konnte das damals tun, doch hier und jetzt geht es um mich!« Jesus war Gott, aber er wirkte nicht aus seiner Göttlichkeit heraus. Er handelte aus Glauben als Mensch, der unter dem Bund stand. Mit den Jüngern war es genauso. Tatsächlich existiert zwischen ihnen und dir kein Unterschied, wenn du von neuem geboren bist – außer in deinem eigenen Denken!

Drei Wochen

Daniel liefert uns ein großartiges Beispiel! Ein und derselbe Mann betete bei zwei verschiedenen Anlässen und erzielte zwei unterschiedliche Resultate. Nach seiner ersten übernatürlichen Begegnung in Kapitel 9 hätte er sogar noch mehr Glauben haben sollen. Er hätte so begeistert und motiviert sein müssen, dass sich die Ergebnisse seines Gebetslebens nur verbessern konnten. Stattdessen wurden sie schlechter! Diesmal dauerte es ganze drei Wochen, bis er seine Antwort erhielt.

In jenen Tagen trauerte ich, Daniel, drei volle Wochen. Köstliche Speise aß ich nicht, und weder Fleisch noch Wein kamen in meinen Mund; und ich salbte mich nicht, bis drei volle Wochen um waren. — Daniel 10,2–3

Daniel kasteite sich selbst und konzentrierte sich völlig auf Gott. Trotzdem dauerte es immer noch drei volle Wochen, bis er seine Antwort erhielt, anstatt bloß drei Minuten wie zuvor.

Ist es dir auch schon einmal so ergangen? Ist eine Sache, für die du gebetet hast, sofort geschehen, während es bei einer anderen dann umso länger gedauert hat? Warum beantwortet Gott das eine Gebet nach drei Minuten und das andere nach drei Wochen? *Diese Frage ist falsch gestellt.* Gott hat nicht das eine Gebet nach drei Minuten und das andere nach drei Wochen beantwortet. Er beantwortete beide Gebete sofort!

Warum beantwortet Gott das eine Gebet nach drei Minuten und das andere nach drei Wochen?

»Am Anfang deines Flehens ist ein Wort ergangen …« (Dan 9,23) und »Denn vom ersten Tag an, als du dein Herz darauf gerichtet hast, Verständnis zu erlangen und dich vor deinem Gott zu demütigen, sind deine Worte erhört worden« (Dan 10,12).

Gott beantwortete beide Gebete sofort, doch das eine Mal dauerte es drei Minuten und das andere Mal drei Wochen, bevor Daniel es wahrnehmen konnte. In Lukas 11,9–10 heißt es: »Wenn du bittest, dann empfängst du.« Gott beantwortet jedes Gebet sofort, das sich auf eine Verheißung in seinem Wort gründet. Er hat auf jedes Gebet eines jeden Gläubigen, das auf diese Weise jemals gebetet wurde, geantwortet. Gott ist noch nie auch nur eine einzige Antwort auf ein solches Gebet schuldig geblieben!

In der geistlichen Dimension geschehen jedoch Dinge, die bestimmen, wie schnell – oder ob überhaupt – die Antworten in die physische Dimension gelangen. Wenn du entmutigt und deprimiert bist oder aufgibst, beeinflusst das die Manifestation deiner Antwort. In der geistlichen Dimension könnte ungeheure Aktivität geherrscht haben. Du könntest ganz kurz davor gestanden haben, die Verwirklichung im Natürlichen zu sehen, doch dann hast du aufgegeben und Schluss gemacht!

Was wäre gewesen, wenn Daniel in Kapitel 10 am zwanzigsten Tag aufgegeben hätte? Die Bibel beweist, dass Gott bereits gesprochen hatte und die Antwort unterwegs war. Was, wenn Daniel gesagt hätte: »Mensch, beim letzten Mal hat es nur drei Minuten gedauert. Morgen sind es nun schon drei Wochen. Ich gebe auf!« Obwohl in der geistlichen Dimension gerade all diese Dinge geschahen, hätte sich seine Antwort nicht verwirklicht. Gottes Wort offenbart, dass diese Prozesse »gemäß der Kraft, die in uns wirkt« (Eph 3,20), ablaufen. Aus rein menschlicher Sicht hätte es dann den Anschein gehabt, als hätte Gott Daniels zweites Gebet nie beantwortet.

Dämonisches Hindernis

Aber der Fürst des Königreichs Persien stand mir [dem Engelsboten] 21 Tage entgegen. Und siehe, Michael, einer der ersten Fürsten, kam, um mir zu helfen, und ich wurde dort entbehrlich bei den Königen von Persien. — Daniel 10,13

Der Engelsbote erklärte Daniel, worum es sich bei der Verzögerung gehandelt hatte: um dämonischen Widerstand. Judas 9 und Offenbarung 12,7 offenbaren, dass Michael ein Erzengel ist.

Beachte, dass der Bote schon gleich vom ersten Tag an, als Daniel betete, auf Widerstand gestoßen war. Gott hatte sofort geantwortet, aber der Bote, Gabriel, brauchte Michaels Hilfe, um mit Daniels Antwort den dämonischen Widerstand zu durchbrechen.

Viele Menschen verstehen nicht, dass wir in einer Welt leben, die dämonischem Widerstand ausgesetzt ist. Sie denken, wenn Gott wolle, dass etwas getan werde, dann könne er es auch einfach tun. Gott ist größer als der Teufel, dennoch kann Satan ihn behindern, wenn ein irdischer Mensch mit dem Feind kooperiert und ihm dadurch die Autorität dazu verleiht. Dinge funktionieren nicht automatisch, nur weil sie Gottes Wille sind und du dafür gebetet hast!

Aus diesem Grund stieß ich auch auf allen erdenklichen Widerstand, als ich mich in früheren Jahren einmal aufmachte, um ein Krankenhaus zu leeren. Ich hatte mich gerade für Heilung begeistert und dachte: *Das ist doch großartig! Es ist Gottes Wille, dass jeder geheilt werde!* Obwohl das wahr ist und ich fest im Glauben stand, nahmen die kranken Menschen dort diese Tatsache nicht so gut auf.

Ein Mann, der an seinen Rollstuhl gefesselt war, griff sogar nach seiner Krücke und verfolgte mich den Flur entlang. Wütend bedrohte er mich mit seiner Krücke und schrie unablässig: »Gott hat mich so gemacht! Es ist sein Wille, dass ich krank bin. Sie sind ein Gotteslästerer!«

Ein anderes Mal hatte ich einen Afrikaner vor mir, der im Sterben lag. Man hatte schon seine Verwandten ins Krankenhaus gerufen, und die Ärzte arbeiteten fieberhaft an ihm. Ein Familienmitglied hatte mich gebeten, für den Mann zu beten. Während meiner Anwesenheit war ich Zeuge geworden, wie die Mediziner ihn mit Elektroschocks bereits einmal wieder ins Leben zurückgeholt hatten. Sanft erklärte ich dem Mann: »Ich werde nun für dich beten. Gott will, dass du jetzt geheilt wirst.«

Er erwiderte: »Nun, wenn es Gottes Wille ist.«

»Es *ist* Gottes Wille. Du wirst wieder auf die Beine kommen.«

Da wurde dieser Mann, der dort auf seinem Sterbebett gerade erst wiederbelebt worden war, plötzlich wütend und schrie mich an: »Nein! Du kannst nicht einfach sagen, dass es Gottes Wille ist, mich zu heilen!« Er richtete sich in seinem Bett auf und schrie aus vollem Hals: »Gott wird mich töten!« Da packten die Ärzte mich und warfen mich aus dem Krankenhaus – und das nur, weil ich ihm erklärt hatte: »Gott will, dass du gesund bist.« Der Mann starb dann. Heilung war Gottes Wille für ihn, aber sein Unglaube verhinderte, dass sie geschah.

Es ist ihre Entscheidung

Eine Frau, die schon länger für die Heilung eines Familienmitglieds gebetet hatte, quälte sich herum und war wegen der ausbleibenden Manifestation verwirrt. Als sie mich fragte, was sie falsch mache, erklärte ich ihr: »Vielleicht gar nichts! Das Problem könnte genauso gut in dem liegen, was dein Angehöriger *wirklich* in seinem Herzen glaubt.« Allein die Tatsache, dass jemand so wirkt und so klingt, als habe er den Glauben, seine Heilung zu empfangen, bedeutet noch lange nicht, dass es auch so ist.

Mein Partner im Evangelium, Don Krow, und ich machten monatelang bei einem bestimmten Mann beinahe täglich Hausbesuche. Wir dienten ihm kontinuierlich. Eines Tages war er so schwach, dass er kaum noch selbst mit mir telefonieren konnte. Seine Frau musste ihm den Hörer ans Ohr halten. »Wage es nicht zu sterben, bevor ich da bin!«, sagte ich ihm. Don und ich gingen zu ihm und dienten ihm. Sein Zustand besserte sich so weit, dass er aufstehen, umhergehen, essen und wieder Auto fahren konnte; für eine Weile hielt er sich wirklich gut.

Dann verlor er zusehends den Mut. Obwohl der Mann sich anderen gegenüber diesbezüglich nicht geäußert hatte, sprach der Herr eines Tages, als ich wieder bei ihm war, zu meinem Herzen: »Er hat aufgegeben. Er hat sich einfach entschlossen, zu mir heimzukehren.« Dieser Mann war schon älter und mühte sich ab. Obwohl sein Abschied von diesem Leben bestimmt nicht das Beste war, was Gott für ihn bereithielt, so war es doch auch keine Sünde.

Ich erklärte seiner Frau: »Der Herr hat zu mir gesprochen und gesagt, dass dein Mann aufgegeben und sich dazu entschieden habe, heimzugehen. Ich glaube zwar, dass es Gottes Wille für ihn ist, gesund zu werden, aber weißt du was? Wenn er heimgehen will, dann ist daran nichts verkehrt.« Ich fügte noch hinzu: »Du hast die Wahl. Entweder glaubst du weiterhin gegen seinen Willen, dass er sich erholt, was nicht funktionieren wird, oder ihr genießt eure letzten gemeinsamen Tage noch. Du kannst diese Tage zu einer Qual machen oder du kannst Gott dafür preisen, dass du weißt, wohin er geht, und ihn auf seinem Weg liebend begleiten.«

Ungehalten wies sie mich mit der Anschuldigung zurück: »Du stehst nicht im Glauben!«

Ich setzte also meine Besuche fort und betete weiter für seine Heilung, allerdings eher mechanisch, denn ich wusste in meinem Herzen, was Gott gesagt hatte. Dann starb der Mann. Auf seiner Beerdigung fragten die Menschen: »Warum hat es nicht funktioniert? Ich verstehe das einfach nicht!«

Nach seinem Tod entdeckte seine Frau sein Tagebuch. Genau an dem Tag, als ich mit ihr gesprochen hatte, fand sich dort folgender Eintrag: »Ich habe mich gerade dafür entschieden, heimzugehen, werde aber weiterhin so tun, als würde ich glauben, damit die Menschen in meinem Umfeld nicht enttäuscht sind.« Dieser Mann hatte alles nur noch pro forma getan, und alle hatten sich gefragt: »Warum ist er nur gestorben?«

Gott ist immer beständig

Du weißt nicht immer, was im Herzen eines anderen Menschen vor sich geht. Wenn du Verantwortung übernimmst und dann sagst: »Ich habe gebetet und geglaubt, aber Gott hat nicht darauf reagiert. Wäre es wirklich sein Wille gewesen, dann wäre der Betreffende auch geheilt worden!«, dann beanspruchst du damit sowohl ein Wissen als auch Fähigkeiten, die du nicht besitzt. Du weißt nicht immer, was wirklich vor sich geht.

Doch Gott ist immer beständig! Laut seinem Wort – und das ist alles, worauf wir unser Leben gründen können – erklärt er uns: »… durch dessen Striemen ihr geheilt worden seid« (1Petr 2,24). Gott will, dass alle Menschen von ihren Krankheiten und Leiden geheilt werden. Das lehrt die Bibel. Du musst dein Leben nach Gottes Wort ausrichten!

Gott ist immer beständig!

Gott ist nicht die Variable; der Teufel ist es! Gott beantwortete die beiden Gebete Daniels sofort, aber Satan leistete Widerstand und verzögerte beim zweiten Mal die Manifestation der Gebetsantwort.

Viele Menschen nehmen irrtümlich an, der Teufel sei unfehlbar und immer verlässlich. Sie denken, er lasse nie eine Gelegenheit aus! Das glauben sie wirklich, obwohl sie es wahrscheinlich nicht zugeben würden. Menschen erklären mir oft, dass sie alles in ihrer Macht Stehende getan hätten, sich aber immer noch nicht sicher seien, ob Gott Partei für sie ergreifen werde. Doch wenn sie nur den geringsten Fehler machen, haben sie nicht den leisesten

Zweifel daran, dass Satan sie jedes Mal erwischt. Diese Christen haben mehr Glauben an den Teufel als an Gott!

Du musst wissen, dass Satan eine Menge Chancen verpasst. Warum kämpfte er nicht gegen das Gebet in Daniel 9? Wahrscheinlich versäumte er es!

Der Teufel macht den Unterschied

Dämonen pflanzen sich nicht fort. Sie bringen keine »Baby-Dämonen« zur Welt. Es kommen also nicht ständig neue hinzu. Zu Zeiten von Adam und Eva mag es viele böse Geister pro Person gegeben haben, doch seitdem mussten sie sich wahrscheinlich ziemlich großflächig verteilen und sind folglich wohl eher dünn gesät.

Deshalb hat auch nicht jeder seinen persönlichen Teufel! Sehr viele Menschen sind zwar genau davon überzeugt, doch kann der Teufel nicht jeden Tag jeden Einzelnen von uns ansprechen. Satan ist knapp an Arbeitskräften und muss wählerisch darin sein, wen er persönlich peinigen will. Genau wie ein Raubtier, das einer Herde von Tieren auflauert, sucht er sich die Schwachen und diejenigen aus, die sich von der Gruppe entfernen. Es gibt Dinge, die uns für böse Geister anziehend machen, doch die Wahrheit ist, dass nicht jeder von uns tagtäglich von einem Dämon angegriffen wird.

Zu dem Zeitpunkt, als Daniel betete, war der Teufel gerade damit beschäftigt, alles ihm Mögliche gegen das Reich Gottes zu unternehmen. Wahrscheinlich dachte er, Daniels Gebet hätte keine Chance, durchzukommen, und ließ es deshalb in Kapitel 9 einfach durchschlüpfen. Nachdem dann aber die gewaltige Gebetsantwort und Offenbarung eingetroffen war, kommandierte Satan eine bedeutende dämonische Macht eigens dazu ab, sicherzustellen, dass Daniel keine weiteren Gebete mehr durchbringen könnte.

Es besteht ein großer Unterschied zwischen der Gebetsweise des alten und der des neuen Bundes. Unter dem alten Bund mussten Gläubige mit ihrem Gebet erst zu Gott durchkommen, doch wenn wir an Christus glauben, dann lebt Gott ja in uns. Mir liegt daran, dass du die Sachlage richtig verstehst. Der Teufel kommandierte einen Dämon ab, um Daniels Gebet zu behindern. Und in diesem Umstand lag die Ursache für den Unterschied zwischen drei Minuten und drei Wochen. Nicht Gott ist die Variable, sondern Satan!

Es besteht ein großer Unterschied zwischen der Gebetsweise des alten und der des neuen Bundes.

KAPITEL 20

Beseitigte Hindernisse

Die meisten Christen zweifeln an Gott, wenn sie beten und ihre Gebetsantwort nicht augenblicklich erfahren. Weinerlich sagen sie: »Herr, was machst du eigentlich? Warum hast du nicht auf mein Gebet reagiert?« Diese Gläubigen berücksichtigen einfach nicht, dass der Teufel sie vielleicht behindert oder ihre Antwort einfach eine gewisse Zeit braucht, um sich zu manifestieren.

Die falsche Vorstellung, dass »Gott alles sofort tun kann«, stellt eine riesige Angriffsfläche für Unglauben aller Art dar. Der Herr schuf diese Welt mit Faktoren wie Zeit und Raum. Wenn du dir merkst, dass Dinge Zeit brauchen, um zu geschehen, und dass Dämonen deine Gebetsantwort behindern können, wird dir das helfen, wenn du betest, aber nicht augenblicklich etwas geschieht. Statt sofort Gott zu misstrauen, wirst du dann eher dir selbst oder dem Teufel misstrauen. Eine Vielzahl von Faktoren kann eine Rolle spielen und die Manifestation von Gottes Kraft behindern oder verlangsamen.

Vor über fünfzehn Jahren hörte einer meiner Freunde mich hierüber lehren. Zu dieser Zeit hatte er schon länger als zwei Jahre versucht, sein Haus zu verkaufen. Da er keine Maklergebühren zahlen wollte, hatte er in seinem Vorgarten ein Schild aufgestellt: *Vom Eigentümer zu verkaufen.* Die ganzen zwei Jahre über hatte er fast jeden Tag treu gebetet: »Gott, ich bitte dich, dass du mein Haus verkaufst.« Doch nur wenige Menschen hatten es besichtigt, und so gut wie nichts war geschehen.

Dann hörte er mich diese Botschaft predigen und wandte sie auf seine Situation an. Der Herr erklärte ihm: »Bob, gleich am ersten Tag, als du das Schild in deinem Garten aufgestellt hattest, habe ich jemandem gesagt, er solle dein Haus kaufen. Ich habe mich bereits in Bewegung gesetzt, damit es verkauft wird, doch es gibt dämonische Hindernisse, die dem im Weg stehen.«

Eine Vielzahl von Faktoren kann eine Rolle spielen und die Manifestation von Gottes Kraft behindern oder verlangsamen.

Die meisten Menschen beten: »Bitte, Gott, verkaufe mein Haus.« Wenn es dann nicht verkauft wird, fragen sie: »Herr, warum hast du es nicht getan?« Gott wird dein Haus nicht persönlich kaufen. Er wird jemanden schicken, der das tut. Du musst verstehen, dass oft noch andere Menschen in die Manifestation deiner Gebetsantwort involviert sind.

Gott schickt Versorgung durch Menschen

Wenn du Gott um Geld bittest, dann schickt er es durch Menschen.

> *Gebt, und es wird euch gegeben werden: ein gutes, gedrücktes und gerütteltes und überlaufendes Maß, **wird man in euren Schoß geben**. — Lukas 6,38*

Gott stellt uns die erbetene Versorgung durch Menschen zur Verfügung. Er besitzt kein eigenes Geld, und er wird auch ganz bestimmt keines fälschen oder stehlen. Genauso wenig wird Gott Geld drucken und es in deine Brieftasche stecken. Er spricht zu Personen, durch die er dann deinen Nöten begegnet. Deshalb muss Satan lediglich Menschen behindern, wenn er den Fluss deiner Finanzen behindern will.

Der Herr hat unseren Dienst kürzlich dazu geführt, die evangelistische Fernseharbeit zu erweitern und ein neues Gebäude zu kaufen. Seitdem ich verstanden habe, dass sich seine Versorgung durch Menschen manifestiert, rede ich sehr offen über unseren wachsenden finanziellen Bedarf. Aufgrund dessen bin ich schon von zahlreichen Personen mit der Aussage zurechtgewiesen worden: »Wenn du ein Mann des Glaubens wärst, müsstest du Menschen niemals um irgendetwas bitten. Gott würde sich um dich kümmern!« Diese Kritiker vertreten das Konzept, dass Gott unseren auftretenden Bedürfnissen immer auf übernatürliche Weise begegnet.

Ein Mann führte Georg Müller als Beispiel an. Müller leitete in England ein großes Waisenhaus und unterstützte weltweit viele Missionare. Er war bekannt dafür, auf Gottes Versorgung zu vertrauen. So setzte sich Müller zum Beispiel zusammen mit hunderten von Kindern zu Tisch und dankte für das Essen, wohl wissend, dass es noch gar keines gab. In Situationen wie diesen trafen dann oft mit einem Mal Fuhrwerke ein, und Menschen luden Nahrungsmittel aller Art ab. Dieser Kritiker schrieb: »Georg Müller sprach nie mit jemandem über seine Not, außer mit Gott. Du bist kein Mann des Glaubens, Andrew, wenn du anderen Menschen erzählen musst, was du benötigst!«

Obwohl es wahr ist, dass damals solche Dinge passierten, übersah mein Freund die Tatsache, dass Georg Müller auch einen monatlichen Rundbrief herausgab, der eine detaillierte Liste ihres gesamten laufenden Bedarfs enthielt. Deshalb geschah es einfach, dass Menschen, die seinen Rundbrief gelesen hatten, mit ihren Spenden erschienen, während er gerade im Glauben für Mahlzeiten betete. Selbstverständlich ist das übernatürlich, aber Gott benutzt Menschen!

Brich den Widerstand

Als in den späten 1980ern in den USA zwei berühmte Fernsehevangelisten in Schwierigkeiten gerieten, wirkte sich das auch auf die Finanzen unseres Dienstes hinderlich aus. Ich war noch nicht im Fernsehen, predigte aber Gottes Wort landesweit im Radio. Warum sank während dieser Monate auch unser Einkommen um Zehntausende von Dollar? Weil Gott Menschen benutzt, um für unsere Bedürfnisse zu sorgen!

Obwohl wir mit keinem der beiden Männer etwas zu tun hatten, verloren die Menschen generell das Vertrauen in Radio- und Fernsehprediger. Angst, Zweifel und Kritik kamen auf, und Spender hörten mit der Unterstützung von Mediendiensten auf. Ich hatte eine Zeit lang darunter zu leiden, doch nicht aufgrund von eigenem Unglauben. Satan behinderte unsere Finanzen durch die Furcht und das Misstrauen anderer Menschen. Ich wurde nicht wütend auf Gott und wollte nicht wissen: »Warum hast du meine Spendeneinnahmen verringert?« Nicht der Herr war verantwortlich, sondern der Teufel, der die Menschen am Geben hinderte!

Wenn die Leute im Sommer in den Urlaub fahren, nehmen viele von ihnen es nicht so genau mit ihrer Selbstverpflichtung, unseren Dienst zu unterstützen. Stattdessen nehmen sie das Geld, das sie sonst Gott geben, und benutzen es für ihre Reise. Darunter hat unser Dienst zwar zu leiden, doch das macht mich nicht wütend auf Gott. Er wirkt nun mal durch Menschen.

Mein Freund, der Gott gebeten hatte, sein Haus zu verkaufen, tat Buße und betete: »Vater, danke, dass du schon am allerersten Tag, als ich mein Haus zum Verkauf angeboten habe, zu jemandem sagtest, er solle es kaufen. Es ist nicht so, dass du nicht reagiert hättest, sondern der Teufel hat hier den Ablauf behindert.« Dann band er den Teufel. Da mein Freund die Vorgehensweise des Feindes nicht kannte, betete er in Sprachen für diese Situation und vertraute darauf, dass Gott sich darum kümmern werde.

Zwei Tage später kam ein Mann mit Bargeld vorbei, um das Haus zu kaufen. Als sie zum Geschäftsabschluss kamen, erzählte der Käufer meinem Freund: »Schon als Sie am allerersten Tag vor zwei Jahren das Schild in Ihrem Vorgarten aufstellten, sagte ich zu meiner Frau: ›Das ist unser Haus!‹ Seither habe ich versucht, meine Finanzen in Ordnung zu bringen.« Obwohl dieser Mann kein Christ war, stellte er fest: »Es ist einfach übernatürlich, was jetzt passiert ist! Es gab da einen Mann, der mein Haus kaufen wollte, doch dafür musste er zunächst seines verkaufen. Daran wurde er zwei Jahre lang gehindert. Aber dann passierte etwas absolut Merkwürdiges: Vor zwei Tagen kam er zu mir und hatte das Geld! So kamen wir zum Abschluss, und jetzt bin ich hier, um Ihr Haus zu kaufen!«

Satan hatte die Gebetsantwort für meinen Freund durch einen anderen Menschen behindert. Als mein Freund sein Gebet änderte, brach Gott den Widerstand des Teufels, und die Antwort manifestierte sich. Anstatt den Herrn jeden Tag aufs Neue zu bitten, sein Haus zu verkaufen, und sich dann zu wundern, warum Gott es immer noch nicht getan hatte, hatte mein Freund nun gebetet: »Vater, ich glaube, dass du mein Gebet beantwortet hast. Du hast schon gesprochen, aber der Feind muss die Angelegenheit auf irgendeine Weise behindert haben. Bitte gib mir deine Weisheit, wie ich beten soll!« Welch ein Unterschied!

Verkürze die Zeit

Als Heiliger des Alten Testaments hatte Daniel keine Autorität über den Teufel. Deshalb konnte er das dämonische Wesen mit dem Namen »der Fürst des Königreichs Persien« auch nicht in die Schranken weisen (Dan 10,13). Selbst wenn Daniel gewusst hätte, dass das Problem zwischen Kapitel 9 und 10 dämonischer Natur war, so hätte er doch nichts dagegen tun können. Wir als Gläubige unter dem neuen Bund haben jedoch in der Tat Autorität über den Teufel (Lk 9,1).

Gott beantwortet Gebet immer sofort. Wenn du dieses Prinzip verstehst, dann weißt du, falls sich die Manifestation deiner Antwort verzögert, dass entweder dein Glaube schwankt, der Feind ein Hindernis in den Weg gelegt hat oder dass beides der Fall ist.

> *Darum sage ich euch: Alles, um was ihr auch bittet und betet, glaubt, dass ihr es empfangen habt, und es wird euch werden [Futur]. — Markus 11,24*

Man muss auch verstehen, dass einige Dinge einfach Zeit brauchen, um sich zu verwirklichen. Heilung sollte sofort eintreten, aber einen Dienst zum Beispiel kann man nicht wie ein Mikrowellengericht herstellen! Der hängt von deiner Reife und deinem Charakter ab. Einige Dinge müssen einfach wachsen und sich entwickeln, bevor du sie eintreten sehen kannst. Gott aber ist immer treu und beantwortet jedes Gebet.

Im Jahr 1976 hatte ich mal ein Überbein am Handgelenk. Es tat nicht weh, doch es stand so weit vor, dass ich mein Uhrarmband darüber schob, damit niemand es sehen könnte. Obwohl ich ein flexibles Armband trug, schaute das Überbein, weil es so groß geworden war, schließlich schon unter der Uhr hervor. Nachdem ich jeden Tag dafür gebetet und gesagt hatte: »Vater, ich empfange meine Heilung«, verbarg ich meinen Arm hinter meinem Rücken, damit ich das Überbein nicht mehr sehen musste. Ich ignorierte es einfach und dachte, das sei Glauben. Ich wollte auf nichts blicken, das im Gegensatz zu dem stand, was ich glaubte. Hey, das ist immer noch besser, als zu beten, draufzuschauen und dann zu bemerken: »Es hat nicht funktioniert!« Aber es existiert ein besserer Weg zu beten.

Einige Dinge müssen einfach wachsen und sich entwickeln, bevor du sie eintreten sehen kannst.

Ich habe seitdem gelernt, dass es wirkungsvoller ist, das Problem direkt anzusehen und zu erklären: »Ich weiß, dass Gott mein Gebet schon beantwortet hat, weil sein Wort das sagt!« Heute weiß ich, dass es nicht der Herr ist, der nicht gegeben hat, wenn sich die Gebetsantwort noch nicht manifestiert, sondern dass ich selbst, der Teufel oder andere Hindernisse im Weg stehen. Ich nehme meine geistlichen Waffen und setze sie dazu ein, die Zeitspanne zwischen meinem Amen und dem Eintreffen der Gebetsantwort (der Manifestation) zu verkürzen.

Wenn du in deinem Herzen weißt, dass Gott dir die Antwort in der geistlichen Dimension bereits gegeben hat, musst du nicht wie Daniel drei Wochen lang im Gebet ausharren, damit sie sich auch in der physischen Dimension zeigt. Du glaubst an Jesus Christus, also übe deine Autorität aus und befiehl dem Teufel, abzuziehen. Sprich direkt zu dem Problem, anstatt mit Gott über das Problem zu sprechen. Handle dann Gottes Wort entsprechend. Sitz nicht einfach untätig herum, sondern tu etwas!

Es liegt an dir

Eine Frau gab mir einmal Zeugnis über ihr Erlebnis mit Zahnschmerzen. Sie hatte gebetet und alles getan, was sie zu tun wusste. Nachdem sie zu dem Zahn gesprochen hatte, begann sie, Gott zu loben und ihm dafür zu danken, dass ihre Heilung bereits vollbracht war. Als sie den Herrn um Weisheit bat, zeigte er ihr, dass sie ihre Autorität ausüben und sagen solle: »Satan, im Namen Jesu befehle ich dir, mich in Ruhe zu lassen!« Sobald sie diese Worte ausgesprochen hatte, verließ der Schmerz sie augenblicklich und vollständig. Offensichtlich waren ihre Zahnschmerzen nicht rein körperlich, sondern geistlicher, dämonischer Natur gewesen.

Gott beantwortet deine Gebete immer sofort, aber du erkennst nicht immer gleich, worin das Hindernis bestehen könnte. Manchmal brauchst du einfach eine Weile, um herauszufinden, wie du dich durchsetzen kannst. Benutze Weisheit und bete im Geist, bis Gott dich in eine bestimmte Richtung lenkt. Übe dann deine Autorität aus und erledige die Angelegenheit. Das wird die Zeit zwischen deinem Gebet und der Gebetsantwort verkürzen. Im Grunde genommen liegt es bei dir, wie schnell sich die Antworten auf deine Gebete manifestieren. Jesus verfolgte genau dieselbe Strategie, als er für einen Blinden betete (Mk 8,22–26). Er führte den Mann aus dem Dorf hinaus, betete für ihn und fragte ihn dann, was er sehe. Manche sagen jetzt vielleicht: »Nun, das ist aber Unglaube!« Nein, Jesus fragte nicht: »Und, hat es funktioniert?« Er wusste, dass Gott die Heilung schon gegeben hatte. Der Grund, warum er den Mann aus dem Dorf führte, war in erster Linie der viele Unglaube, der in Bethsaida herrschte.

Jesus sagte: »Wehe dir, Bethsaida! Denn wenn in Tyrus und Sidon die Wunderwerke geschehen wären, die unter euch geschehen sind, längst hätten sie, in Sack und Asche sitzend, Buße getan« (Lk 10,13)

Bethsaida war eine der ungläubigsten Ortschaften, die Jesus je besucht hat. Er musste diesen Mann bei der Hand nehmen und ihn von dem Unglauben der Menschen im Dorf wegführen.

Im Grunde genommen liegt es bei dir, wie schnell sich die Antworten auf deine Gebete manifestieren.

Jesus wusste, dass er zwar den Mann aus dem Dorf herausgebracht hatte, nicht jedoch das Dorf aus dem Mann! Der Herr nahm wahr, dass es in dem Blinden noch einige Hindernisse gab, die mit Unglauben zu tun hatten. Jesus betete in dem Wissen, dass sein Vater die Kraft bereits freigesetzt hatte. Deswegen fragte er nicht: »Hat es funktioniert?«, sondern: »Hast du empfangen oder hast du immer noch Probleme?« Der Herr konfrontierte das körperliche Problem frontal und schaute es sich sehr genau an.

Als sich bei dem Mann nur eine unvollständige Heilung einstellte, betete Jesus noch einmal für ihn. Dafür würde er heutzutage aus den meisten Bibelschulen hinausgeworfen, »weil es kein Glaube ist, zweimal um etwas zu bitten!« Der Herr bat um gar nichts zweimal. Er glaubte und empfing es beim ersten Mal. Beim zweiten Mal ergriff er seine geistliche Macht und Autorität und benutzte sie. Wenn der Teufel auch einer ersten Dosis widerstanden hatte, dann sicherlich keiner zweiten! Deshalb betete Jesus noch einmal, und der Mann konnte daraufhin klar sehen.

Genauso beten auch unsere Gebetsdiener auf unseren Seminaren. Wir bitten Gott nicht einfach um Heilung, lächeln dich dann an und sagen: »Geh hin in Frieden, sei gewärmt und gesättigt!« Nein, wir fragen nach, ob du die volle Manifestation empfangen hast. »Sind deine Schmerzen weg? Kannst du dich bewegen?«

Wenn sich bei dir keine volle Manifestation zeigt, dann nehmen wir unsere Autorität wahr, sprechen zu deinen betroffenen Körperteilen und befehlen ihnen zu funktionieren. Und obwohl wir nicht jeden Menschen geheilt sehen, empfangen doch die meisten die volle Manifestation ihrer Heilung. Ehre sei Gott!

KAPITEL 21

Du kannst von Gott empfangen!

Also ist der Glaube aus dem Hören, das Gehörte aber durch das Wort Christi. — Römer 10,17

Wenn du Lehre aus Gottes Wort hörst, die sich auf Heilung, Befreiung, Wohlstand oder irgendetwas anderes bezieht, das Jesus im Erlösungswerk bereitgestellt hat, wird dadurch dein Glaube gestärkt, um es zu empfangen. Wenn du weißt, dass du es schon hast (in der geistlichen Dimension), kommt die Manifestation (in der physischen Dimension) schnell. In dem Maße, wie dein Wissen und Verständnis über etwas aus dem Wort zunimmt, kannst du deinen Glauben freisetzen und erleben, dass es sich schneller manifestiert.

Wenn du weißt, dass du es schon hast (in der geistlichen Dimension), kommt die Manifestation (in der physischen Dimension) schnell.

Wenn du für jemanden um Heilung betest, muss dir klar sein, dass der Betreffende selbst eine große Rolle dabei spielt, ob er empfängt oder nicht. Du kannst keine Verantwortung für die Person übernehmen, aber du kannst ein positiver Teil des Prozesses sein.

Selbst Jesus konnte sich nicht über den Unglauben anderer hinwegsetzen (Mk 6,5–6).

Gott ist treu!

Schon seit vielen Jahren diene ich oft zahlreichen Menschen, die in Gottesdiensten Schlange stehen, damit ich für sie bete. Ich habe erlebt, dass einer nichts empfängt, der Nächste jedoch sofort geheilt wird. Gehe ich dann weiter, empfängt wieder eine Person nichts, die danach aber wohl. Diese Art von Inkonsistenz in ein und demselben Gottesdienst kann unmöglich allein an meiner Person liegen!

Ich habe schon für Menschen in einer Reihe gebetet, von denen neun empfingen und einer nicht. Das bedeutet nicht, dass diese eine Person schlecht ist oder Gott nicht liebt. Du kannst Gott von ganzem Herzen lieben und trotzdem nicht verstehen, wie Glaube funktioniert.

Leonardo da Vinci war ein Genie. Schon vor mehreren hundert Jahren entwarf er Hubschrauber, die man erst in unserer Zeit gebaut und geflogen hat. Zu seiner Zeit war er herausragend, aber von Elektrizität wusste er nichts. Doch nur weil da Vinci über etwas, mit dem du vertraut bist, nicht Bescheid wusste, macht ihn das noch lange nicht zu einem Dummkopf. Es bedeutet lediglich, dass er diese bestimmte Wahrheit nicht kannte.

Glaube funktioniert durch Kenntnis des Wortes Gottes. Gott hat bereits jeden Menschen geheilt. Wenn du bittest und glaubst, wird die Kraft umgehend freigesetzt. Wenn du ihre Manifestation nicht erlebst, liegt das nicht daran, dass Gott nicht gegeben hätte. Entweder hast du nicht empfangen oder es besteht ein dämonisches

Hindernis, das die Manifestation unterbindet. Gott ist treu! Glaube das und entferne dich nie mehr von dieser Wahrheit!

Stünde Gottes Treue in Frage, wären wir alle in großen Schwierigkeiten!

Du wirst Gottes übernatürliche Kraft nie auf einer beständigen Basis erleben, wenn du aufgibst und anfängst, Bemerkungen zu machen wie: »Nun, es gibt auch Ausnahmen. Vielleicht macht Gott ja manche Menschen krank, um sie etwas zu lehren. Möglicherweise will er ja, dass manch einer leidet. Wahrscheinlich war derjenige dann nicht gut genug und hat nicht genügend gefastet oder irgendetwas anderes nicht getan.« Gottes Wort ist absolut wahr; es ist weder schwankend noch veränderlich. Geh nie einen Kompromiss ein, wenn es um Gottes unverbrüchliche Treue geht. Es ist nicht Gottes Verschulden, wenn du etwas nicht geschehen siehst. Die Schwachstelle bist vielmehr du! Ich will dich mit dieser Aussage nicht verurteilen, sondern ich versuche, dich zu segnen, zu informieren und dir etwas beizubringen. Denn stünde Gottes Treue in Frage, wären wir alle in großen Schwierigkeiten!

»Kannst du meinen Finger sehen?«

Diese Botschaft predigte ich 1976 auch in Childress, Texas. Wir kündigten unser Treffen als Heilungsgottesdienst an: »Bringt die Blinden, die Tauben und die Gelähmten!« Nachdem ich gepredigt hatte, lud ich die Anwesenden ein, nach vorne zu kommen, um Gebet zu empfangen. Meiner Aufforderung folgte auch ein siebzehnjähriger junger Mann, der auf einem Auge blind war. Ich betete für ihn und befahl seinem Auge, sehend zu werden. Dann forderte ich ihn auf, sein gesundes Auge abzudecken und nur durch das beeinträchtigte zu schauen. »Kannst du meinen Finger erkennen?«, fragte ich ihn. Aber er konnte nicht einmal Licht wahrnehmen. Ich musste seinen Kopf drehen und ihm erklären: »Nein, hier drüben ist der Finger.« Augenblicklich nahm ich den Unglauben der Anwesenden wahr. Sie sahen keine Veränderung, und das war für sie gleichbedeutend damit, dass Gott nichts getan habe.

Deshalb entließ ich die Menge mit den Worten: »Alle, die das hier nicht verstehen und nicht mit mir übereinstimmen, sollten jetzt bitte gehen. Aber alle, die glauben, dass Gott es getan hat, egal, ob wir es nun sehen oder nicht, und die glauben, dass es auf uns ankommt, ob sich die Heilung manifestiert, können bleiben.« Es blieben, uns eingeschlossen, ungefähr zwanzig Leute übrig.

Wir beteten einfach weiter für ihn. Alle fünf Minuten hielt ich inne und fragte: »Kannst du meine Hand sehen?« Er sah nicht das Geringste!

In meinem Herzen sprach ich: *Gott, ich weiß, dass es wahr ist. Gib mir ein Wort der Weisheit, damit wir das hier überwinden und diesen Menschen die Wahrheit deines Wortes demonstrieren können!* Während ich weiter betete, fragte ich: *Gott, wo liegt das Problem?* Da kam der Gedanke in mein Herz: *Er braucht keine Heilung, er braucht ein Wunder!* Ich hatte mir bis zu dem Zeitpunkt, als der Herr mir das mitteilte, noch nie Gedanken über den Unterschied zwischen einer Heilung und einem Wunder gemacht. Deshalb dachte ich einfach weiter darüber nach, betete in Sprachen und fragte mich verwundert: *Gott, was heißt das – er braucht keine Heilung, er braucht ein Wunder?*

Während ich noch überlegte, teilte Don Krow uns mit: »Gott hat gerade zu mir gesprochen und gesagt, dass der junge Mann keine Heilung, sondern ein Wunder braucht!« Ich dachte: *Das kann nur Gott sein!* Also unterbrachen wir unser Gebet und ich fragte ihn: »Was genau stimmt denn mit deinem Auge nicht?«

Er antwortete: »Ich hatte als Baby eine Infektion in meinem Auge und mir mussten Linse und Netzhaut operativ entfernt werden. Ich habe nicht einmal die nötigen Bestandteile im Auge, um sehen zu können!«

Ich erklärte: »Du brauchst keine Heilung, du brauchst ein Wunder!« Dann legte ich meine gewölbte Hand über sein Auge und sagte: »Linse und Netzhaut, im Namen Jesu befehle ich euch, jetzt in sein Auge zu kommen!« Daraufhin forderte ich ihn wieder auf, sein gesundes Auge abzudecken. »Wie viele Finger sind das hier?«, fragte ich ihn. Er antwortete: »Einer!« – und er konnte wieder sehen!

Manche Menschen denken jetzt: *Nun, Gott hat dann wohl in dem Moment etwas getan, als du diesen Befehl gegeben hast.* Nein! Gott hat bereits alles mit dem Tod, der Grablegung und der Auferstehung seines Sohnes vor zweitausend Jahren getan. Er hatte auf mein Gebet dreißig Minuten zuvor augenblicklich reagiert, und seine Kraft war seitdem aktiv. Wir hatten sie nur nicht richtig gelenkt. Wir hatten noch nicht zu dem Berg gesprochen!

Hätten wir nicht im Gebet ausgeharrt, dann hätte dieser Junge sein blindes Auge vielleicht heute noch und würde sich fragen: »Gott, was war da los?« Es gab Unglauben sowohl auf seiner als auch auf unserer Seite, aber wir trafen den Entschluss, einfach fest zu stehen und weiterzubeten. Obwohl wir dreißig Minuten brauchten, um von Gott ein Wort zu empfangen, damit wir tun konnten, was nötig war, haben wir es schlussendlich empfangen und das Wunder hat sich manifestiert. Für uns war es die Mühe wert!

Mach dir diese Haltung zu eigen

Du lässt Ärzte Verfahren, Behandlungen und Operationen an dir durchführen, die Stunden, Tage und Wochen dauern und Hunderte, wenn nicht gar Tausende Euro kosten, doch wenn du Gott um Heilung bittest und sie nicht gleich schon geschehen ist, sobald du am Altar zu Boden gehst, dann soll er versagt haben? Ich bitte dich!

Du magst nicht Jesus sein, aber du bist der beste Kanal, durch den er im Augenblick wirken kann! Deine Beharrlichkeit im Gebet könnte darüber entscheiden, ob jemand sein Wunder empfängt oder nicht. Du könntest einige Zeit dafür brauchen, aber ich ermutige dich, dir folgende Haltung zu eigen zu machen: »Wenn ich den Teufel einen Zentimeter bewegen kann, dann kann ich ihn auch einen Kilometer bewegen – wenn es sein muss, Zentimeter für Zentimeter!«

Du *kannst* von Gott empfangen!

SCHLUSSBEMERKUNG

Wie ich bereits zu Anfang festgestellt habe, beschreibt mein Buch weder *die einzig mögliche Art zu beten,* noch stellt es die Behauptung auf, *du lägest völlig falsch, wenn du nicht so betest.* Titel und Thema dieses Buches ist: *Ein besserer Weg zu beten.* Ich habe all die Dinge, die ich hier als falsch bezeichne, früher selber praktiziert – meiner Liebe zu Gott und seiner Liebe zu mir hat das aber keinen Abbruch getan. Seitdem ich jedoch so bete, wie ich es hier lehre, verzeichne ich große Fortschritte hinsichtlich der Ergebnisse, die ich im Gebet erziele.

Du wirst die Freiheit und Freude erfahren, die es mit sich bringt, wenn man Gott im Geist und in der Wahrheit kennt.

Es ist mein Gebet für dich, dass der Herr die Dinge, über die ich dich hier in Kenntnis gesetzt habe, gebrauchen wird, um dich in ein neues Verständnis von Gebet zu führen und dir zu zeigen, wie deine Gebete effektiver werden können. Ich glaube, dass der Herr diese Wahrheiten dazu benutzen wird, dich aus sämtlichen religiösen Traditionen herauszulösen, die Gottes Wort in deinem Leben ungültig und damit wirkungslos machen. Du wirst die Freiheit und Freude erleben, die damit einhergehen, wenn man Gott im Geist und in der Wahrheit kennt.

Ich bete, dass der Herr dir in dem Maße, in dem du diese Wahrheiten empfängst und sie dich freisetzen, Gelegenheiten schafft, diese Dinge mit anderen zu teilen, sodass auch sie zu erfahren beginnen, wie *Ein besserer Weg zu beten* aussieht.

In Christus (wo ich stets bleibe)
Andrew Wommack

EMPFANGE JESUS ALS DEINEN RETTER

Jesus Christus als deinen Herrn und Retter anzunehmen, ist die wichtigste Entscheidung, die du jemals treffen wirst! Gottes Wort verspricht:

> *Denn wenn du mit deinem Mund Jesus als den Herrn bekennst und in deinem Herzen glaubst, dass Gott ihn aus den Toten auferweckt hat, so wirst du gerettet. Denn mit dem Herzen glaubt man, um gerecht zu werden, und mit dem Mund bekennt man, um gerettet zu werden. — Römer 10,9–10. Denn: »**Jeder, der den Namen des Herrn anruft, wird gerettet werden**«. — Römer 10,13*

In seiner Gnade hat Gott bereits alles getan, um dir Errettung anbieten zu können. Dein Teil besteht einfach nur darin, zu glauben und zu empfangen. Bete laut:

> *Jesus, ich bekenne, dass du mein Herr und Retter bist. Ich glaube in meinem Herzen, dass Gott dich von den Toten auferweckt hat. Im Glauben an dein Wort empfange ich jetzt die Errettung. Danke, dass du mich erlöst hast!*

Im selben Moment, in dem du dein Leben Jesus Christus übergibst, erfüllt sich augenblicklich die Wahrheit seines Wortes in deinem Geist. Weil du von neuem geboren bist, besitzt du jetzt ein völlig neues Ich!

EMPFANGE DEN HEILIGEN GEIST

Dein dich liebender himmlischer Vater möchte dir als seinem Kind die übernatürliche Kraft geben, die du brauchst, um dieses neue Leben auch auszuleben.

> *Denn jeder, der bittet, empfängt; und wer sucht, der findet; und wer anklopft, dem wird aufgetan. … wie viel mehr wird der Vater im Himmel [den] Heiligen Geist denen geben, die ihn bitten! — Lukas 11,10.13b*

Alles, was du tun musst, ist bitten, glauben und empfangen! Bete:

> *Vater, ich erkenne, dass ich deine Kraft brauche, um dieses neue Leben auszuleben. Bitte erfülle mich mit deinem Heiligen Geist. Im Glauben empfange ich ihn genau jetzt! Danke, dass du mich getauft hast. Heiliger Geist, du bist in meinem Leben willkommen!*

Gratuliere – du bist jetzt mit Gottes übernatürlicher Kraft erfüllt!

Einige Silben einer dir unbekannten Sprache werden nun aus deinem Herzen zu deinem Mund aufsteigen. Wenn du sie im Glauben laut aussprichst, setzt du Gottes Kraft in deinem Inneren frei und erbaust dich selbst im Geist (1Kor 14,4.14). Du kannst dies tun, wann und wo immer du möchtest!

Es spielt eigentlich keine Rolle, ob du etwas gespürt hast oder nicht, als du gebetet hast, um den Herrn und seinen Geist zu empfangen. Wenn du in deinem Herzen geglaubt hast, dass du empfangen hast, dann ist es auch so, denn Gottes Wort verspricht: »Darum sage ich euch: Alles, was ihr auch immer im Gebet erbittet, glaubt, dass ihr es empfangt, so wird es euch zuteilwerden!« (Mk 11,24). Gott ist seinem Wort immer treu. Glaub es!

Bitte nimm Kontakt zu uns auf und lass es uns wissen, wenn du eines oder beide dieser Gebete gebetet hast. Wir würden uns gern mit dir freuen und dir ein Geschenk zusenden, das dir hilft, deine neue Beziehung zum Herrn zu verstehen und darin zu wachsen.

Damit wollen wir dir einfach sagen: *Willkommen in deinem neuen Leben!*

ÜBER DEN AUTOR

Als **Andrew Wommack** am 23. März 1968 der übernatürlichen Liebe Gottes begegnete, wurde sein Leben für immer verändert. Seit vielen Jahrzehnten bereist Andrew Amerika und die Welt und lehrt die Wahrheit des Evangeliums. Seine tiefe Offenbarung von Gottes Wort vermittelt er mit Klarheit und Schlichtheit. Dabei legt er seinen Schwerpunkt auf Gottes bedingungslose Liebe und das Gleichgewicht zwischen Gnade und Glauben. Mit seinem Programm auf *GospelTruth.TV* erreicht er fast die Hälfte der Weltbevölkerung. 1994 gründete er das *Charis Bible College* (Charis) und hat seither Charis-Standorte in verschiedenen Großstädten Amerikas und weltweit eröffnet. Andrew hat eine Fülle an Lehrmaterial in gedruckter Form und im Audio- und Videoformat veröffentlicht, von dem das meiste kostenlos von seiner Website abgerufen werden kann.

Du kannst das AWM-Team per Brief, Mail
oder Telefon kontaktieren:

Andrew Wommack Ministries gGmbH
Postfach 56 03 02, 60407 Frankfurt am Main, Deutschland
info@andrewwommack.de | +49 69 64357850
Gebets-Hotline: +49 69 643578578
www.andrewwommack.de

CHARIS
BIBLE COLLEGE
Verändere dein Leben.
Verändere die *Welt*.
Erfahre mehr über das Charis Bible College unter **charisbiblecollege.de** oder schreib uns eine E-Mail an **info@charisbiblecollege.de** oder ruf uns an unter **+49 69 643 578 540**.
Das Charis Bible College hat Standorte in den Vereinigten Staaten und rund um den Globus. Um den Campus in deiner Nähe zu finden, besuche **CharisBibleCollege.org/campus-locations**.

Die Macht deiner Vorstellungskraft

Oft beten Gläubige ohne sichtbaren Erfolg. Das liegt daran, dass ihnen die Macht ihrer Vorstellungskraft nicht bewusst ist! Lass dir von Gott ein Bild deiner Zukunft vor dein geistiges Auge malen. Dann kann dich nichts aus der Bahn werfen und du siehst dich immer auf der Gewinnerseite!

159 Seiten, Paperback, ISBN 978-3-95933-216-3
Auch als E-Book erhältlich.

Wie man auf dem Wasser geht

Warum erleben manche Leute Wunder und andere nicht? Um wie Petrus auf dem Wasser zu gehen und Wunder zu erleben, musst du zuerst aus dem Boot steigen. Erfahre, was Andrew aus Gottes Wort über das Leben im Übernatürlichen gelernt hat, und werde auch du ein Mensch, der auf dem »Wasser« geht!

120 Seiten, Paperback, ISBN 978-3-95933-210-1
Auch als E-Book erhältlich.

www.gracetoday.de

Heilung: Gottes Wille für dich

Jesus hat den Preis für unsere Heilung ebenso bezahlt wie für die Vergebung unserer Sünden. Heilung ist zentraler Teil seines Erlösungswerks. Erfahre, was Gott uns in seiner bedingungslosen Liebe und Gnade alles schon zur Verfügung gestellt hat, und erhalte Antworten auf häufige Fragen.

211 Seiten, Paperback, ISBN 978-3-95933-218-7
Auch als E-Book erhältlich.

Begrenze Gott nicht

Kann man Gott begrenzen? Gottes Wort sagt: Ja, man kann – und wir tun es auch! Andrew beschreibt, inwiefern er es tat und wie er diese Begrenzung aufhob. Lerne von seiner inspirierenden Geschichte und aus der Bibel, wie das geht, und gelange zu einer neuen Sicht auf Gott und dich selbst.

129 Seiten, Paperback, ISBN 978-3-95933-228-6
Auch als E-Book erhältlich.

Ein verhärtetes Herz

Ein verhärtetes Herz verhindert, dass wir die Stimme des Herrn hören und uns in unserem Alltag von ihm leiten lassen. Der Zustand unseres Herzens hängt davon ab, worauf unsere Aufmerksamkeit gerichtet ist. Verschaffe dir Klarheit, wie Glaube und Unglaube sich zueinander verhalten.

102 Seiten, Paperback, ISBN 978-3-95933-230-9
Auch als E-Book erhältlich.

Du hast schon alles, was du brauchst!

Wie so viele andere hast du bestimmt schon einmal gedacht: Ich tue doch alles, was ich kann, um den Sieg zu erleben – warum nur klappt es nicht? Doch Gottes Antwort basiert nicht auf dem, was du tust, sondern auf dem, was Jesus getan hat! Erkenne diese Wahrheit – und werde frei!

264 Seiten, Paperback, ISBN 978-3-95933-220-0
Auch als E-Book erhältlich.

Mehr Gnade, größere Gunst

In *Mehr Gnade, größere Gunst* vermittelt Andrew Wommack lebensverändernde Erkenntnisse über den biblischen Zusammenhang zwischen Demut und Segen. Lerne Gottes auf den Kopf gestellten Weg zum Erfolg kennen und erlebe die Gunst des Herrn in unvorstellbaren Maßen!

215 Seiten, Paperback: ISBN 978-3-95933-232-3
Auch als E-Book erhältlich.

Die Vollmacht des Gläubigen

Die Vollmacht des Gläubigen in Christus wird heute kontrovers diskutiert. Andrew beleuchtet diese geistliche Wahrheit aus einer Perspektive, die all das, was du bisher erlernt hast, in ein ganz neues Licht rücken wird. Entdecke wahre geistliche Vollmacht, die zu echten Resultaten führt!

288 Seiten, Paperback, ISBN 978-3-95933-236-1
Auch als E-Book erhältlich.

www.gracetoday.de

Weitere inspirierende Bücher
findest du unter:
www.gracetoday.de